武力によらない平和を生きる

非暴力抵抗と平和的生存権

大脇雅子

旬報社

はじめに

本書は、弁護士として六〇年を生きた私の体験的非暴力抵抗論である。

近代市民社会においては、人として尊厳を保ち生きるために、侵すことのできない「基本的人権」（日本国憲法第三章に規定）が保障されている。しかしこれらの自由と権利は、憲法や法律に書かれているだけでは、権利としての生命はない。自由と権利は不断に行使して生命を吹き込み、侵害されたりまたは抑圧されて侵害されるおそれがあるときには、請願し、抵抗し、裁判に訴えて原状回復を求めて、護らなければならない。抵抗は、一人ひとりが自立した主体として、自ら持つ自由と権利を自覚的・集団的・組織的行使＝連帯、団結して行う。その抵抗の形態は、憲法体系のもとでは非暴力・不服従の形をとる。抵抗権は、自由と権利に内在した、必然の内発的権利である。

本書の第Ⅰ部は、沖縄高江に派遣された愛知県警機動隊への公金支出の違法性を争う住民訴訟において、私が弁護団に加わったことを契機に、「名古屋の地で沖縄高江の現地の抵抗」を問う課題に挑戦するにあたって、抵抗権の淵源である自由民権運動の歴史、戦後六〇年の抵抗権論争の歴史をたどり、沖縄における伝統的な非暴力抵抗を基軸にまとめた「沖縄論」である。

第Ⅱ部は、湾岸戦争において日本政府が多国籍軍に九三億ドルの戦費を支出したことに対し、平和的生存権の侵害を法的根拠にして、一人一万円の損害賠償を求めた「市民平和訴訟」の弁護団に加わったことを契機に、憲法九条「戦争の放棄」を心柱《しんばしら》とした平和的生存権の意義と、平和的生存権を人権の基底的権利として、平和的生存権保障基本法の立法構想を法案化したものである。加えて現在の憲法改正論（自衛隊の憲法九条の二への加憲と緊急事態条項の新設）を批判する。

第Ⅲ部は、国際的な視点から、国連決議「平和への権利」と、ジーン・シャープの非暴力闘争の一九八の戦術と必然的に惹起される国家による抑圧への対処法をまとめた。そして日本における非暴力の抵抗の系譜として、自由民権運動の田中正造の請願権運動、戦後労働運動のストライキと順法闘争、本土復帰後の沖縄の読谷村《よみたんそん》や、持続する辺野古《へのこ》新基地建設現場の非暴力抵抗の事例を挙げている。非暴力抵抗の流儀は、日本の風土と日本人の気質と親和性があり、地下水脈のように途絶えることなくいまも流れている。

本書は、二〇〇四年小泉政権下において有事立法が出来たとき、対抗案として「平和的生存権保障基本法立法構想」を着想し、立法試案を作ってから二〇年のあいだ、名古屋の同人誌『象』や法律雑誌、パンフレットなどに書き溜めた論考を編み直し加筆、書き下ろした部分も含めて出来たものである。

いま私は、基本的人権の核心である「表現の自由」の行使としてのデモ・座り込みや抗議集会に対する違法視や忌避感・嫌悪感の言説が、ひそやかに広がりはじめていることを感じていて、大きな危機感を抱いている。戦争前夜の気配がする。本書がこの空気に対して、いささかなりとも異議申し立てになればと願ってやまない。

二〇二三年一月

大脇　雅子

目次

第Ⅰ部　非暴力抵抗という闘い……13

第1章　自由民権「抵抗権」の源流から沖縄の非暴力抵抗へ……14
1　いま、なぜ「抵抗権」なのか……14
2　植木枝盛の「日本国国憲案」を読む……18
3　千葉卓三郎「五日市憲法草案」を読む……20
4　植木枝盛と自由民権運動……22

第2章　故郷岐阜の自由民権運動から見えてきたもの……25
1　板垣退助の銅像……25
2　岐阜事件の顚末……27
3　自由民権運動の時代背景……30
4　岐阜加茂事件と農民の抵抗運動……32
5　自由党の解党から自由民権運動の衰退が残したもの……35

第3章　新憲法の誕生から六〇年代の抵抗権論争へ……39

1 新憲法の誕生と時代錯誤の政府改正案……39
2 私擬憲法草案と抵抗権……41
3 社会を変えた二つの判決……45
(1) 東大ポポロ事件……46
(2) 砂川事件……48
4 六〇年代の抵抗権論争……51
5 憲法九九条再考……54
6 本土の基地の不可視化政策と沖縄への基地移転……55

第4章 沖縄戦、「非暴力」にこめる命どぅ宝……58

1 「琉球併合」と沖縄の自由民権運動……58
(1) 琉球併合と沖縄への差別……58
(2) 沖縄の自由民権運動……60
2 悲惨と慟哭の沖縄戦……62
(1) 軍官民の共生共死一体の軍命令……62
(2) 「集団自決」は軍の命令だったのか……63
(3) 沖縄戦のトラウマ……65
(4) 日本政府の欺瞞……66
3 米軍占領下の土地収用と非暴力の抵抗……67

(1) サンフランシスコ講和条約第三条と沖縄……67
(2) 伊江島の陳情規定と非暴力の抵抗……69
(3) 非暴力闘争の系譜……72
4 コザ騒動と抵抗権……73
(1) 沖縄の本土復帰運動とコザ騒動……73
(2)「抵抗権」にかかわる判決……76

第5章 沖縄復帰は何を残したか……78

1 沖縄の本土復帰の戦い……78
(1) 奄美大島の本土復帰運動……78
(2) 沖縄の本土復帰運動……79
(3) 沖縄返還はなんであったのか……83
2 沖縄と日本の連帯の在り方——「主体性」をめぐって……83
3 参議院時代の沖縄——言葉を失う……86
(1) 沖縄フォーラムに参加……86
(2) 米軍による少女暴行事件……86
(3) 日・米政府と沖縄県の三者協議の挫折……88
(4)「もっと沖縄に愛情を持て」……89
(5) 議員として感じた無力感と沖縄との再会……90

4 沖縄の心を求めて「沖縄の怒りではない、私の怒り」 92
(1) 沖縄の現場に立つ 92
(2) 沖縄の「抵抗の魂」 94
5 逆転勝訴なる、「抵抗は友を呼ぶ」 96
(1) 二〇一六年愛知県警機動隊への公金支出の違法性を問う住民訴訟第一審の敗訴 96
(2) 控訴審における裁判闘争 97

第6章 沖縄復帰五〇年、沖縄と本土を結ぶ 109
1 二つの「沖縄復帰に関する建議書」を読む 109
2 改めて「反復帰論」を読む 112
3 「その足をどかして　沖縄を踏んでいないか」 114
4 反戦・不戦の平和　いつも沖縄を忘れない 118
(1) 「わたし」たちは沖縄とどう向き合うか 118
(2) 日本の基地と日米地位協定 119
(3) 辺野古新基地建設計画 121
(4) 平和を守るためにいまこそ基地反対運動を 121
主要文献一覧　第Ⅰ部 124

第Ⅱ部　今こそ平和的生存権を……131

第1章　なぜ、「平和的生存権」か……132

1　戦争体験から思う……132
2　六〇年安保闘争に参加……136
3　参議院議員の体験……138
(1)　一九九七年「日米新ガイドライン」から有事法制定へ……138
(2)　与党訪米団に参加して……140
4　もうひとつの安全保障の道を求めて……145
(1)　CSCE（全欧州安全保障協力機構）……146
(2)　PDSAP（アジア・太平洋の平和・軍縮・共生のための国際会議）……148
(3)　ボスニアの経済制裁視察とアウシュビッツへの旅……150

第2章　「平和的生存権」立法構想……153

1　平和的生存権を根拠にした裁判……153
(1)　長沼ナイキ基地訴訟……153
(2)　湾岸平和訴訟……154
(3)　イラク自衛隊派兵違憲訴訟……158

(4) 安保法制違憲訴訟 …… 161
2 **平和的生存権の学説の発展** …… 164
3 **平和的生存権の立法構想** …… 166
(1) 平和的生存権保障基本法試案の作成 …… 166
(2) 「抵抗権条項」の明記 …… 168
(3) さまざまな法案要綱試案 …… 171
4 **平和的生存権保障基本法案〈骨子案〉** …… 172
(1) 「平和的生存権」に関する憲法改正案 …… 172
(2) 平和的生存権保障基本法案〈骨子案〉 …… 173

第3章 参議院「憲法調査会」から …… 186
1 **憲法調査会の活動** …… 186
2 **憲法草案は押し付けられたのか——元GHQの二人の証人の証言** …… 189
(1) ベアテ・シロタ・ゴードン氏の証言 …… 190
(2) リチャード・A・プール氏の証言 …… 192
(3) ミルトン・J・エスマン氏の証言〈原稿代読〉 …… 193
3 **コスタリカ訪問** …… 194

第4章 自民党憲法改正案批判 …… 201
1 **安倍元自民党総裁の憲法九条改正提案をめぐって** …… 201

2 安保関連法制下での自衛隊の変容……205
3 自由民主党と各政党の改憲案……207
4 「自衛隊」を憲法九条に加えるとどうなるか……212
(1) 九条一項、二項の戦争抑止効果……212
(2) 自衛隊の憲法九条明記がもたらすもの……213
5 緊急事態条項の付加とその効果……215
主要文献一覧 第Ⅱ部……217

第Ⅲ部 国際連帯、非暴力抵抗の地下水脈を受け継ぐ……221

第1章 国連総会決議「平和への権利宣言」……222
1 国連決議「平和に生きる権利」序章……222
2 国連総会決議「平和への権利宣言」の採択までの経過……223
3 国連決議の採択へ……224
第2章 ジーン・シャープの一九八の実践的非暴力行動……227
第3章 日本における非暴力抵抗の系譜……230
1 自由民権運動と非暴力……230

2 戦後の労働運動、ストライキと順法闘争……233
(1) ストライキとピケッティング……235
(2) 争議行為——サボタージュ、ボイコット、職場占拠……236
(3) 順法闘争——労働者の護身術……238
3 本土復帰後の沖縄の非暴力抵抗……240
(1) 基地の真ん中に村役場を造る……240
(2) 辺野古の座り込み……242
(3) 現場の「事実」を見る眼差しをめぐって……246
第4章 憲法と非暴力……251
主要文献一覧 第Ⅲ部……257
初出一覧……260
あとがき……261

第Ⅰ部

非暴力抵抗という闘い

第1章　自由民権「抵抗権」の源流から沖縄の非暴力抵抗へ

1　いま、なぜ「抵抗権」なのか

いま、なぜ「抵抗権」について考察するのか。

ひとつは、二〇一七（平成二九）年七月に名古屋地方裁判所に提訴した「沖縄高江《たかえ》に派遣された愛知県警機動隊への公金支出の違法性を問う住民訴訟」が二〇（令和二）年三月一八日の判決で敗訴（高裁で逆転勝訴）したことにある。

二〇一六（平成二八）年七月一三日から一二月末までのあいだ、「沖縄米軍基地建設に伴う各種警備事業への対応」を名目に、沖縄県公安委員会からの援助要請を受けて、沖縄高江のヘリパッド米軍基地移設工事の警備のため、愛知県ほか五都府県から約五〇〇人の機動隊が派遣され、愛知県からもおよそ延べ一〇〇人と推定（愛知県は派遣人数に対する情報公開を拒んでいるので正確な人数は不明）される機動隊が派遣された。七月二二日朝五時、派遣された機動隊五〇〇名と沖縄県警機動隊約二〇〇名は、沖縄高江の県道七〇号線上に、車一台が通行できる幅を開けて約一〇〇台の空車をハの字型に並べ、道路上に基地建設反対を掲げて座り込んだ約二〇〇人の住民や支援者らに対して、ハンドレッカーによって車両を撤去、座り込む住民らを強制的に「ごぼう抜き」して排除し、道路端の炎天下で長時間にわたって囲い込み、身体を拘束・逮捕した。そうして資材搬入のトラックや作業員の通行を確保し、警察車両により、作業員を運搬した。また、機動隊員らは、N1ゲート前の路側帯に駐車してあった車上に座り込んで抵抗していた住民らを引きずりおろしたり、突き落としたりもした。紐でポールに体を縛って抗議する女性に対して、紐を引っ張って失神させたので、住民らが命の危険を察知して抗議の抵抗を中止すると、車両をレッカー車で撤去し、機動隊が取り囲んで守るなか防衛局職員が路側帯のテントも令状なく撤去した。加えてN1ゲートから離れた七〇号線県道では、機動隊員が現地の集会に参加しようとする人たちに対して、検問、通行規制をし、カメラで写真・動画を無断で撮影した。新聞記者には取材妨害をした。住民のなかには怪我をして救急車で搬送される人もいた。七月二三日には、大阪府警の若い機動隊員が、抗議する住民に対して「土人」と呼ぶ差別的発言があった。沖縄では、沖縄県議会や高江東村議会において「高江へリパッド基地建設反対の決議」や陳情が繰り返し行われていて、沖縄防衛局に対話と説明を求め続けて来たなかでの突然の工事着工であった。

訴えの法的根拠は、派遣の違法性、派遣された警察の権限行使の違法性、住民の抵抗の正当性——平和的生存権に基づく「抵抗権」または「表現の自由」の正当な権利行使——であった。原告弁護団は、安保条約の違憲性と平和的生存権のこれまでの判例、「抵抗権」の学説を説明して、高江の住民の抵抗運動の正当性について次のように主張した。

「抵抗権は、実定法上の権利として、憲法一二条、一三条、九九条に基づき、国家が憲法の存在自体を否定し、憲法秩序が崩されていくとき、一切の法的手段がもはや有効に目的を達する見込みがなく、人権擁護の法秩序回復のための最後の手段として、抵抗のみが残されているときには、個々の行為に仮に軽微な違法性があったとしても、住民の非暴力闘争を違法と判断すべきではない。沖縄の人々は、日本国憲法の適用から長期間にわたって除外され、日本国憲法の適用後も平和的生存権の極限状況及び日常的状況での継続的侵害状況に置かれてきたことを考えるとき、住民の非暴力・不服従の抵抗は合法である。世界最大の実力部隊である米軍と日本政府の憲法無視に対する抵抗運動は、日本国憲法が許容する範囲である」

しかし一審判決は、平和的生存権は憲法上の抽象的概念であって、具体的権利ではないとして、「民事保全等の手続きを利用して、ヘリパッド移設工事差し止めを求めることにより権利の救済を図る余地があり、合法的な救済手段が有効に目的を達する見込みがないという極限的な状況にはなく、緊急やむを得ない特別の事情は認められない」と判示した。裁判所は、住民の抵抗行為を全面的に切り捨て、取り締まりの対象としてのみとらえ、威力業務妨害罪や道路交通法違反の犯罪と判断した。原告らは直ちに控訴し、弁護団は再び、司法に対して、根源的な「抵抗権」の問いかけを迫られた。

二つ目は、私が参議院議員であったとき、参議院憲法調査会委員として、「日本国憲法はアメリカから押し付けられた憲法である」との保守論壇の決めつけに違和感を抱き、日本国憲法のなかに、日本の草の根に流れる自由民権思想の水脈を探し続けてきたことにある。二〇〇一（平成一三）年五月二日調査会は、日本国憲法制定にかかわった元連合国最高司令部民生局調査専門官ベアテ・シロタ・ゴードンと、同民生局付き海軍少尉リチャード・A・プールを参考人として迎え、意見聴取を行った。日本国憲法制定時には、確認されるだけで二九の私擬憲法が作成されていた。ゴードンは「日本国憲法は日本国民の抑えつけられた意思を表したもの」と証言し、プールは「日本の学者や研究機関及び有識者の方々の見解を反映させたもの」と述べた。古関彰一著『日本国憲法の誕生（増補改訂版）』（岩波書店、二〇一七）には、憲法学者鈴木安蔵と高野岩三郎らを中心とした「憲法研究会試案」が「最もGHQ案に近く、しかもGHQから高い評価を受けた」と記されている。特に国会図書館所蔵の高野岩三郎自筆の「憲法試案」には、自由民権思想を参考にしたと明確に墨書されている。「抵抗権」の思想を新憲法のどこに見出すべきか。

三つ目は、地球上のどこにも逃れられないコロナウィルスの厄災に見舞われて、日本の政治の脆弱さが構造的なものであることを今更ながら知らされたことにある。あらゆる社会システムにおいて格差と貧困、差別と排斥が剝き出しになって視える。政府は、国民の命をなんと軽く扱っているのだろうか。

国境を越えたグローバル化の進展に伴い、国家権力と国民主権の安定した結びつきが解体しつつあるように見えるとき、「国家の垂直性が、民主主義の水平性と相いれない」ことが明らかになった。これまでの国家の回復では私たちの暮らしは安定しない、そもそも「国家という装置」に依拠することなく、「新しい関係性」を地球規模で創造しなければ、人類は生き延びることはできないのではないかという認識が広がりつつある。いま、新しい地球規模の「連帯」が求められている。「連帯」は、すべての人が持つ普遍的な市民的自由と基本的人権を守り、市民的自由と権利の自覚的、集団的、組織的行使として生みだされるものである。その時行動の基礎になるのは、「抵抗権」ではないか。

三つの動機から、私は自由民権の源流からの旅を始めた。

その後二〇二二年四月二三日、ロシアがウクライナに侵攻し、反戦と不戦の平和を貫くにはどうしたらいいか、いかなる抵抗を市民がしなければならないか、根源的な問いの答えを見出す必要が生まれた。

2 植木枝盛の「日本国国憲案」を読む

憲法草案として、最初に「抵抗権」が明確に法文化されたのは、一八八一（明治一四）年八月作成の植木枝盛の「日本国国憲案」とされている。『植木枝盛集　第六巻』（岩波書店、一九九一）「政治文書」に収録された憲法草案は「日本憲法」（明治一四年八月、写本愛知大学名古屋図書館蔵本）と「東洋大日本国国憲案」（明治一四年、写本伊藤博文文書）である。前者は、三つの草案があり、削除や訂正が多い。後者の案の第四編「日本国民及日本人民ノ自由権利」の項目に整理されたものから引用する。

第六三条「日本人民ハ日本国ヲ辞スルコト自由トナス」

第六四条「日本人民ハ凡ソ無法ニ抵抗スルコトヲ得」

第七〇条「政府国憲ニ違背スルトキハ日本人民ハ之ニ従ハザルコトヲ得」
第七一条「政府官吏圧制ヲ為ストキハ日本人民ハ之ヲ排斥スルヲ得」
「政府威力ヲ以テ擅恣暴虐ヲ呈フスルトキハ日本人民ハ兵力ヲ以テ之ニ抗スルコトヲ得」
第七二条「政府恣ニ国権ニ背キ擅ニ人民ノ自由権利ヲ残害シ建国ノ旨趣ヲ妨グルトキハ日本国民ハ之ヲ覆滅シテ新政府ヲ建設スルコトヲ得」

植木枝盛の憲法草案の特徴は、基本的人権規定に「法律の定めたる所に準拠し」という行使の制約が一切なく、無条件、絶対であること、「抵抗権」の規定があることにある。さらに基本的人権として、第七三条「日本人民ハ兵士ノ宿泊ヲ拒絶スルヲ得」と書きこまれている。また枝盛は、「家族法」の分野においても、男女平等、夫婦同権主義を唱え、「均分相続」や「離婚の自由」を主張している。さらに「公然に売淫をなすものを容認すべきことあらん」と廃娼論を唱えた。にもかかわらず枝盛の日記によれば、彼自身は廓《くるわ》に足繁く通い、芸妓に民権踊りをさせ、民権歌を歌わせている。また官吏は「品行方正であるべし」と唱え、自己の弁明と批判されている。一方で一八八五（明治一八）年一一月「廃娼論」を発表するころには、自らの廓通いは取りやめていたという説もある。自由民権論者は、社会的活動における男女平等を説きながら、家父長制下の夫婦のあいだは、夫権優位と妻の無能力という男尊女卑の現実との矛盾があった。しかし、植木は第一回衆議院議会で衆議院議員に当選していて、欠席した提案者の友人に代わって、「集会結社へ女性を参加させる法案」の説明者になっていることを忘れてはならないだろう。

なお国の枠組みとしては、国体（皇帝）の維持、志願制による常備軍保持、連邦制（地方自治）を主張している点で、思想的限界を指摘されている。

3　千葉卓三郎「五日市憲法草案」を読む

まだ日本が憲法を持たなかった時代、幕末維新期から日本帝国憲法発布までの二十数年間（一八七〇年代から八〇年代）は、自由民権運動の時代であった。民選議院（国会）開設と憲法制定が国民の中心的関心事となり、その間に各地の結社や民間人によって起草された「私擬憲法草案」の数は、一〇二種（修正案、増補案、未確認のものも含む）といわれている。多くの私擬憲法は、立憲君主制、天皇と民選議院、元老院の三部制の国会、三権分立主義を中心としている。そのなかでも突出して革新的なものは、「植木枝盛案」であるが、双壁といわれるもう一つの草案は、一九六八（昭和四三）年、色川大吉東京経済大学教授とそのゼミ生らが、「地域の歴史調査」として、東京都五日市の深沢家の土蔵から発見した「五日市憲法」である。起草者は自由民権家千葉卓三郎（一八五二〈嘉永五〉年仙台生まれ、一八八三〈明治一六〉年没）。五日市憲法草案は、植木枝盛の日本国国憲案と同時期の一八八一（明治一四）年頃に作成されている。深沢家文書には、憲法草案の「討論題集」のほか、起草のとき参照されたと思われる「世界人権宣言」「アメリカ憲法」「フランス革命文書」等さまざまの文献がある。

五日市憲法草案の特徴は、国民の権利三七か条、立法権七八か条、司法権三六か条にわたる詳細な規定である。しかし抵抗権の規定はない。他に比較して、特に国民の権利に関して、留意すべきは次の三か条である。

四五「日本国民ハ各自ノ権利自由ヲ達ス可シ他ヨリ妨害ス可ラス且国法之ヲ保護スベシ」

七一「国事犯ノ為ニ死刑ヲ宣告サルルコトナカル可シ」

七七「府県ノ自治ハ各地ノ風俗習慣ニ因ル者ナルカ故ニ必ス之ニ干渉妨害ス可ラス其権域ハ国会ト雖トモ之ヲ侵ス可ラサル者トス」

なお千葉卓三郎は、枝盛が憲法草案作成に取り組んでいるころに、土佐の枝盛を訪問している記録があり、仮説ではあるが、「五日市憲法草案」または構想が枝盛の憲法草案の起草に影響を及ぼしているのではないかと言われている。

当時の私擬憲法草案には、栃木県の田中正造を中心とした中節社の「国憲見込書」のほか京都、岩手盛岡、宮城、仙台、愛知岡崎、島根松江、福岡等で作成された記録があるが、草案はいまだ未発見のものが多い。

4　植木枝盛と自由民権運動

植木枝盛は、一八五七（安政四）年土佐国土佐郡井口村（石井村）の藩士の家に生まれ、九二（明治二五）年一月二三日、第二回総選挙の立候補を間近にして、三六歳で亡くなった。枝盛は、若くして漢書、翻訳の洋学書を読み、土佐の藩校「文武館」と「致道館」に学んだ。七二（明治五）年上京し、社会の運動に身を投じつつ、独学で知識を学び、七三（明治六）年一時帰郷したが、七五（明治八）年一九歳で再び上京、福沢諭吉らが設立した「明六社」の演説会、慶応義塾の三田演説会、キリスト教の教会に参加して、時の啓蒙思想家と交流した、という。しかし明治政府を日本近代化の推進者とみる福沢諭吉らの見解に対して、枝盛は、薩摩・長州による藩閥政治は、「私利私欲の独裁政府」で、民衆を解放する改革を行う政府ではないと、直感的に洞察した。枝盛は、政治や社会状況に関する文章を書き、新聞に投稿し、批判と抵抗の論客として世に出た。当時の新聞は「投書時代」といわれるほどに自由で、無名の才人を発掘する役割を果たしていた。しかし枝盛の投書「猿人政府」（人を猿にする政府の意、言論の自由を論じたもの）は、新聞紙条例違反に問われ、禁固二か月の刑に処せられた。出獄後の枝盛は、その意識と行動様式を一変させたという。

枝盛は自由党党首板垣退助の娘の家庭教師となり、郷里の土佐に帰郷した板垣のあとを追って土佐に帰り、板垣が「立志社」を創立したとき参加した。板垣は、枝盛の才能を早くから認めて引き立て、枝盛は自由民権運動の代表的論客となっていった。植木枝盛の研究家家永三郎は、「彼を形成した根源的な力は、西洋の思想でもなく、明六社の講演でもなくして、ひとえに彼の主体的精神にあった。いいかえれば、彼の強烈な個性と専制政治の下で呻吟する日本社会の現実との巡り合わせにあった」と述べている（『革命思想の先駆者』岩波書店、一九五五）。

家永三郎『植木枝盛研究』（岩波書店、一九六〇）によれば、枝盛の憲法草案における抵抗権は、一八七五（明治八）年九月「忘初ノ心」と題する論考から準備されていたが、日本の農村でおびただしい数の「農民一揆」が起こった社会情勢下で「抵抗権の自覚」となっていったのであり、とりわけ独創的なものではなかった、と分析されているのは興味深い。

一八八一（明治一四）年は「憲法の時代」と言われるほどに憲法論議が高まった年になり、民選議院（国会）設立と憲法制定運動は、その年一〇月に「憲法会議」（制憲議会）を全国規模で開く計画にまで発展した。が、伊藤博文、岩倉具視らは、民権派の先手を打ち、民権派に近い憲法建議を提出した大隈重信らを閣外へ追放して、九〇（明治二三）年国会を開設するとの「詔勅」を出して、民衆の自由な憲法の論議を封じてしまった。民権派の不敬罪による逮捕が続き、国権論に傾斜する者もでて、集会条例、新聞条例によって言論は弾圧され、八三（明治一六）年頃になると政党の運動も急速に衰退した。八六（明治一九）年秋から伊藤博文、井上毅《こわし》らは、プロイセン憲法をもとに極秘で一年半かけて、天皇を中心にした強権的な大日本帝国憲法原案をとりまとめた。八九（明治二二）年二月一一日に公布された明治憲法は、どの私擬憲法草案より非民主主義的反動的なものとなり、「基本的人権」は「法律の範囲内」の枠に閉じ込められて、自由民権運動は、憲法の重圧のなかで息の根を止められていった。大日本国憲法は、欽定《きんてい》憲法として、権力側から「押しつけられた憲法」であった。

植木枝盛の「国家権力は、本来の性質上乱用に陥る可能性を包摂する」という鋭い洞察と「その乱用を防止して、その適正な行使を保障するのは、ただ人民の抵抗あるのみ」と喝破する草の根から生まれた信念は、日本における自由民権運動の骨格をなす考え方である。いくつかの「農民一揆の志」も、戦争中の「反戦運動家の魂」も、自由民権の「抵抗権」の思想と理論をつないで、戦後の新憲法の制定、戦後民主主義の水脈につながっているのではないか。自由民権運動が政府によって弾圧され、息の根を止められてもなお、普遍的命題である「疑の一字を常に胸にせよ」という植木枝盛の言葉は、まさにいまの時代に一人ひとりが胸に刻むべき言葉ではないだろうか。

第2章　故郷岐阜の自由民権運動から見えてきたもの

1　板垣退助の銅像

岐阜公園の南、織田信長居館跡への道を辿る手前ひときわ緑の濃くなる木陰に、フロックコートとステッキ、大きな口髭をたくわえて、右手を高く挙げた男の銅像が立つ。二代目の板垣退助の像である。旧自由党員山田永俊（岐阜市の眼科医、のちに衆議院議員）が中心となって、一九四九（昭和二四）年九月「板垣翁銅像再建委員会」が結成され、翌年五月三日に再建された。除幕式には、山田永俊の孫山田久枝、吉田茂総理大臣代理、大野伴睦代議士夫妻、武藤嘉門岐阜県知事、桃井直美高知県知事ら約三〇〇名が出席した。銅像の作者は柴田佳吉である。

銅像の台座には当時の総理大臣吉田茂の揮毫《きごう》がある。吉田茂は、当時の民主自由党の総裁であり、板垣退助の岐阜遊説の折同道していた竹内綱（のちに衆議院議員）は父にあたる。

「先生ハ夙ニ自由ノ説ヲ唱ヘ
民権民主ハ時難ヲ済《すく》フ
明治功臣ノ富ヲ算来《かぞう》ルモ

将相ノ全キヲ誰カ知ル有ラン」

初代の銅像は、一八八二（明治一五）年四月六日暴漢に襲われた自由党総理板垣退助が「板垣死すとも自由は死せず」の言葉を叫んだ遭難の地に寿像を建立しようと、山田永俊の呼びかけにより、岐阜、東京の有志四四人が発起人となり建立された。一九一八（大正七）年四月二一日、板垣退助夫妻、退助の五男板垣六一、同志竹内綱らが列席して、料亭萬松館で盛大な祝賀の宴がもたれた。初代の銅像は、「憲政不朽の史蹟を後昆《こうこん》（後々の子孫の意）に伝えむ」とした、と建立の趣意書に記されている。初代の銅立像はフロックコートを着ているが、両腕は下におろされていて、二代目よりは少し厳めしい印象であった。作者は埴輪正吉、後藤新平の揮毫が彫り込まれていた。

この像は一九四三（昭和一八）年、供出のため「御出征」となった。再建の建立趣意書には「大東亜戦争の犠牲となり、没収の厄に遭う」とある。その頃は、弾丸や銃の不足から全国すべての銅像や釣り鐘、庶民の家庭の銅や鉄製品もことごとく供出となった。私の町内でも寺の鐘楼にあった釣り鐘を「御出征」という白地に墨痕あざやかな襷《たすき》をかけ、「万歳、万歳」の声も高らかに、町内総出で日の丸の小旗を打ち振って、リヤカーに乗せて送り出した。悲愴だが、いま思えば滑稽な風景である。「板垣退助さん」の銅像もさぞや盛大に送り出されたに違いない。

私は初代の銅像が立っていたころ、岐阜公園の近くに住んでいて、両親に連れられて何度も銅像の前に立った。教師をしていた父から板垣退助遭難事件についてくわしい講釈を聞き、芝居好きの父は左手で胸を押さえ、右手を高く挙げて「板垣死すとも自由は死せず」と叫んで前のめりに倒れこむ芝居をするので、私は幼いころから「自由民権」という言葉に馴染んでいた。銅像の近くに「村瀬」という茶屋があり、そこで「芋田楽」を食べるのをいつも楽しみにしていた。里芋の皮を剥いて茹で、角切りにして、五個ずつ串にさして炭火で焼き、甘い味噌をつけてさらにあぶるので、香ばしく美味しい。「芋田楽」は、岐阜の名物となって、今でも四代目が茶店を守っている。茶屋の縁台から東を仰ぐと、峻嶮《しゅんけん》な金華山の山肌に岐阜城の甍《いらか》が見える。中学生や高校生になってからは、社会科や郷土史の授業で、板垣退助と自由民権運動について教えられた。

私は一九九三年七月参議院議員になり、参議院中央玄関広間の片隅に立つ「板垣退助の銅像」に出会って、懐かしい思いをした。

2 岐阜事件の顚末

一八八一(明治一四)年一〇月一八日、一〇年後の国会開設の詔《みことのり》が出されたのを機に「自由党」が結成され、一一月一九日板垣退助が党首に就任した。八二(明治一五)年三月一〇日、板垣退助は竹内綱ら同志とともに、東海道遊説のために東京を出発した。

その時の遊説の様子は、中教院当主建部松三郎の子建部恒二が、同人誌『濃尾人』(三二三号から三三五号)に関係者からの聞き書きをして、「明治民権史話——板垣退助の岐阜遭難」と題して寄稿している。その寄稿文には当時の状況が生き生きと描かれている。

――三月早々、板垣退助は自由党の同志とともに、東京から西へ西へと人力車を走らせた。東海道線はいまだ測量の最中であった。静岡、浜松を過ぎて、豊橋では、内藤魯一ら愛知県下の党員にむかえられて、長蛇のごとく人力車を連ねて東海道を疾走した。二〇日一行は渥美《あつみ》郡田原町へ、二一日名古屋へ入り、愛国交親社の本部がおかれていた大須門前町大光院に一〇日間逗留、党勢拡大の大懇親会や演説会が催された。

四月一日、名古屋を出て多治見から恵那郡岩村へ。数十台の人力車を連ねて走る光景を見物しようとして、群衆が道中に満ち溢れた。岐阜県東美濃は、加茂、可児《かに》、土岐《とき》、恵那地方を言い、民権運動がよく浸透していた地域であった。岩村では、庄屋を務めた安田節蔵が県会議員をしていて、村民一〇〇余名が出迎え、町は軒並みに祭礼献灯やガラス灯を掲げ、その夜は劇場「滝川座」で演説会が行われた。聴衆は二千数百名、記録破りの人数であった。翌日には、ヒチリキの鳴るなか、板垣退助は馬に乗って誓願寺へ乗り込み演説。四月三日中津川村へ。

加茂太田を過ぎ、四月五日一行は、幔幕を引き、高張提灯が掲げられ、大花瓶に花が飾られた玉井屋別館に到着した――（ルビ：引用者）

四月六日午後三時、中教院の懇親会の会場には、東海地方の自民党員内藤魯一ら三〇〇名余りに及ぶ有志が詰めかけていた。板垣らの演説は二時間にも及んだ。

午後六時半頃、体調が悪くなった板垣退助は懇親会を中座して宿舎に帰ろうとして、ひとり中教院の玄関の階段を下りた。そのとき「将来の賊」と叫びながら、相原尚褧《なおぶみ》（反自由党の小学校教員）が、刃渡り九寸（約二七センチメートル）の短刀を振りかざして襲いかかった。相原は板垣の左胸を刺したが、柔術を会得していた板垣は、相原の腹部に肘で当て身を行い、再度襲い掛かる短刀の手を押さえた。が、親指と人差し指の間に短刀の切っ先が当たって出血した。愛知の内藤魯一や岐阜の岩田徳義、本田政道らに相原は抑え込まれ、板垣は左胸、右胸に各一か所、右手に二か所、左手に二か所、左頬に五か所、合わせて一一か所の傷を負った。しかし命に別状はなかった。板垣は暴漢に襲われて倒れた時、「板垣死すとも、自由は死せず」との有名な言葉を叫び、うろたえる周囲の人たちを励ました、といわれている。相原が板垣退助を襲った理由は、のちの裁判で、板垣退助が「共和制」を唱えているものと思いこみ、民権運動を敵視し、自由党の勢力が急激に増すなか、天皇中心の体制が崩れては日本民族の繁栄はないという信念で凶行に及んだと述べている。当時愛知県病院長であった後藤新平が板垣を診察している。その日は伊奈波《いなば》神社の本祭の日で、岐阜の町中に神輿や山車が囃子の音も賑やかに練り歩き、人々は馳走を食べて集まっている夜だったので、事件の知らせは岐阜の街に瞬く間に衝撃を走らせた。

東京の自由党本部に板垣遭難の連絡が入り、「板垣死す」との報が流れて、全国の党員が岐阜を目指して、出立した。植木枝盛も高知を立つが、途中で命に別状なしとの報で、大阪にとどまり、酒税反対の運動の指揮を執った。立憲改進党の大隈重信も岐阜へ赴き、各地の民権主義者が往来し、その数千人、なかには仕込み杖、棍棒、日本刀、鉄鞭、小銃、鎖鎌等を帯同する者も多く、町民を驚かせた。岸田俊子や津下粂子も来岐した記録がある。当時の岐阜の人口は約一万弱というから、町はまるで革命前夜のようになった。

政府は、閣議を中止、山縣有朋は天皇に報告、勅使が岐阜に派遣された。刺客は政府に因るものと疑う自由党員もいたが、板垣は勅使を丁寧に受け入れた。勅使派遣の報に、見て見ぬふりをしていた岐阜県令が慌てて見舞いに訪れたが、板垣らに断られて恥じ入った、とも長いあいだ言い伝えられていた。勅使の派遣で混乱も静まり、四月一五日、傷が癒えて大阪に向けて出立する板垣の演説会「末広座」には、約三〇〇〇人が集まった。板垣退助は、土佐の立志社同志約一〇〇名に守られて大阪に向かった、という。相原は、裁判で無期懲役を言い渡されたが、憲法発布の特赦で釈放されている。

板垣退助遭難の芝居化も広がり、土谷桃子（岐阜大学）によると、川上音二郎一座の「板垣君遭難実記」を筆頭にいくつかの芝居が上演されて、自由民権運動に弾みをつけた。「花吹雪伊奈波黄昏」という芝居が岐阜「末広座」や名古屋「宝生座」で公演されて、人気を呼んだ。

3 自由民権運動の時代背景

明治藩閥政府は、「文明開化」「殖産興業」「富国強兵」をスローガンとして、地租、酒税、たばこ税、消費税や市民税などさまざまな公課を過重に庶民に負わせ、維新以後乱発された不換紙幣のため財政を破綻に貶め、一八八一（明治一四）年秋から始めた紙幣整理のため全産業は恐慌状態となった。

政府の保護を受けた政商（三井、三菱、住友、安田、渋沢、大倉、五代、浅野、古川、川崎ら）が、金融業、鉱工業、交通運輸などを広く独占して大掛かりなコンツェルンを築き上げ始めていた。禄を剝がれた士族や多くの庶民は生活難に陥り、農村は地租改正の重税で苦しみ、徴兵制により働き手をとられて、多くの農民は三度の食事にさえ事欠く困窮に陥っていた。地租改正は、当初課税が整備されていなかったこともあって、地価の一〇〇分の三とされたが、上米一石一〇円が四円ほどに米価が下落し、加えて国際的不況のもとで養蚕の糸価も暴落して、農民は農地や家財を売っても地租が払えず、負債を抱える者が続出した。自作農は小作に転落、小作農はますます零細化し、都市の日雇い労働者に流れていった。飛騨・美濃地方では、地租改正が行われたころから、地主や農民によって地租の軽減の陳情運動や嘆願運動が盛んに行われていた。

自由民権運動は、一八七四（明治七）年土佐の板垣退助、後藤象二郎ら立志社の「民選議院設立建白書」から始まったといわれているが、国会開設を求める美濃・飛騨の民権運動は、八一（明治一四）年ころに、ようやく県下の政治結社の組織化がなされた。全国の民権運動家が集まって国会開設の請願が行われた全国大会に参加しなかったのは、「岐阜県と沖縄県のみ」といわれたというから、かなり反応が鈍かった。愛知の内藤魯一と交流した岩田徳義ら下級士族が中心となり、八一年一〇月の大日本国会期成有志公会の国民的運動に触発されて、自由党結成大会に岩田と早川啓一が岐阜代表として参加し、全国と連携した運動が始まった。遅れていた岐阜の自由民権運動のもと、翌年の八二（明治一五）年四月に起きた板垣退助遭難事件は、岐阜県民にとって、いかに衝撃的な出来事であったかが理解できよう。

もっとも岐阜県に政治結社がなかったわけではない。一八七七（明治一〇）年大垣の「濃飛共立議会」から始まり、いくつかの政治結社ができていて、八〇（明治一三）年四月に公布された過酷な「集会条例」のもとを潜りぬけて、八一（明治一四）年一〇月濃飛自由党も結成され、啓蒙的活動を展開していた。民権運動は、地方毎に特色をもち、運動の担い手や形態を異にしている。運動は主として士族、豪農、都市インテリ層、貧しい農民や零細な庶民、鉱夫らによって担われていた。そして自由民権思想は、新聞や雑誌の発行、演説会や懇親会、村や町の「寄り合い」と戸別訪問、ビラの配布、芝居等によって、あくなき情熱のもと、地を這うように広められていった。

4　岐阜県加茂事件と農民の抵抗運動

以下に岐阜県加茂郡と全国の抵抗運動について述べる。

i　一八八四（明治一七）年七月二三日、岐阜県加茂郡西北部四三か村を中心に、愛国交親社の小原佐忠治らの指導のもと、「地租の軽減――地租を一〇〇分の一とする」「徴兵制廃止」「地租以外の諸税の廃止」を掲げて、農民らが蜂起した。愛国交親社は、社員約三万名を組織していて、計画した者たちは、村々を激しい論調の演説をして回り、約四〇〇名の農民らは、刀や竹槍、鎌を持って、戸長《こちょう》役場に集まり、三つの要求を県庁に取り次ぐよう訴えた。鎮守の森や山頂には、弾薬を用意して、炊き出しを行った。蜂起といっても今の「陳情」「嘆願」にすぎない行為なのだが、当時は「暴動」扱いされて、戸長はすぐに警察に通報、情報をあらかじめ察知していた警察隊に取り囲まれ、九月末までには多くの者は逮捕されて、事件は終わった。厳しい捜査のもと、関係者はことごとく検挙され、懲役一〇年から六年の刑が科された者は数十名に及んだ。愛国交親社には、士族だけではなく、自作・小作の農民、人力車夫や日雇いの労働者が加わっていた。愛国交親社の実態は、堀江栄一他編『自由民権期の研究　第二巻』(有斐閣、一九五九)、青木昇「加茂事件」の論文に詳しい。

一八八四(明治一七)年は、あちこちの地方で大規模な農民の抵抗運動が多発した年であった。

ii 福島では、同年一月一七日に、大梅村で農民三〇〇人余が負債の減免延納を求めて蜂起した(福島事件)。

一八八二(明治一五)年二月、自由党撲滅を使命としていた福島県令三島通庸《みちつね》は、自由党員を警察官を使って弾圧、会津自由党は合法的な法廷闘争を数千人の農民の支持のもと展開したが、片端から捕縛し、逮捕者の家財を競売にして、道路の工事に出た農民を無料で酷使したので、一一月二八日約千人の農民が警察署を取り囲み抗議する事件となった。検挙された者は千数百人、福島県議自由党県議団も党員も根こそぎ獄舎に送り込まれた。この裁判は拷問と証拠の捏造によって行われたことで「福島の大獄」と呼ばれている。

iii 五月一五日神奈川県四四か村で、「三〇〇〇人余の農民が、むしろ旗を翻し、竹槍を引っ提げて、整然と列をなして行進した」といわれている。事実は一〇〇人ほどで、政府転覆を唱える自由党員に対して、生活要求を先行させた負債民が主導して、金融業者を焼き討ちした。「困窮党」の先駆けといわれている（群馬事件）。

iv 八月一〇日下多摩郡で、農民数千人が金融業者や銀行に同様の要求をしている（八王子御殿峠事件）。

v 九月二三日栃木・福島の自由党員ら一六人が、加波山《かばさん》に集まり、「革命挙兵の檄」を配布し、手投げ弾をもって山頂に武装蜂起した。山頂に翻った旗には、「自由の魁《さきがけ》」とあった。九月二六日解散・潜伏を経て、全員が逮捕された（加波山事件）。自由民権運動の退潮するなか、彼らは野外の決起集会や運動会を開催して、民衆の決起につなげようとした。

vi 一〇月三一日には、当初は請願運動をしていた秩父地方の農民数千人が、自由党員の指揮のもと蜂起、借金年賦返済や地租減免を求めて、高利貸しの館を打ちこわし、借金台帳や証文を焼き、銃器を調達した。整然とした組織と規律を持ち、一時的にはコンミューン（無政の郷）を創出し、「自由自治元年」を宣告したが、軍隊により鎮圧された。首謀者らは死刑、重罪人三百余名、罰金・軽罪約千人を出した。秩父自由困窮党として、社会的平等の要求を掲げたことで知られる。

秩父事件に連座した先祖から「わが家が事件に連座したことは一〇〇年間喋ってはならぬ」と固く言い残された子孫の一人は、自らが一〇〇歳になったとき、その言い伝えを語った。

vii また信濃飯田においては、自由党員が負債農民の法律相談や調停交渉に取り組んでいたが、秩父蜂起に連動して蜂起しようとして、未発となった（飯田事件）。

viii 続いて都市細民層の反乱（名古屋事件）、大臣暗殺容疑による逮捕（静岡事件）、朝鮮改革の陰謀容疑による逮捕（大阪事件）などが続いた。

政府の激しい弾圧のもと追い詰められて、次第に暴力的な側面を見せていった自由民権の抵抗運動は終焉を迎えた。これらの事件は、一般的には「激化事件」とか「民衆暴動」と呼んで言い伝えられてきたが、家永三郎は、「本格的な抵抗権の行使」であった、と述べている。平野義太郎は「真のブルジョア民主主義革命であった」と言う。権力の苛烈な弾圧のなかで、いまだ地中深く潜っている民衆史の「事実と声」の読み直しが必要だ、と思う。

5 自由党の解党から自由民権運動の衰退が残したもの

人々の期待を担い、民権運動の中核的存在であった「自由党」は、地方の自由党が政府の激しい弾圧と攻撃を受けているなか、党首の板垣退助、後藤象二郎が出所の怪しい資金（政府の準備工作資金）を受け取り、欧米漫遊の旅に出かけてしまい、やがて党内分裂を引き起こし、脱党・離党が相次ぎ、党運営の資金の欠乏からついに一八八四（明治一七）年一〇月二九日「まだ戦える力を持ちながら」解党してしまった。一部地方党員により再建が図られたものの、その力は弱体化してしまった。

色川大吉は著書『自由民権』（岩波書店、一九八一）において次のように書いている。

「歴史にもしもということはあり得ないのだが、状況の未発の契機をとらえるために、もし板垣が八二年四月に岐阜の演説会で、刺されて、あのまま死んだとしたらどうなっていただろう。

『板垣死すとも自由は死せず』の名文句とともに文字通り板垣は『自由の神様』となり、政府の非は決定的となり、民権運動は大衆に分かりやすい情念的なシンボルを得て、八二年六月を境に退潮に向かうのではなく、逆にいっそうの高揚を続けたかもしれない。すくなくとも、『板垣洋行』とか『偽党撲滅』とか『解党論』とかは、避けえたかもしれない。そのことは、明治政府の軍国化強行を困難にしたであろう。また自由党を割るような形での急進派の行動もいくらか抑制されたろうし、自由・改進両党の寿命ももっと先まで延びていたろう……」

当時の人民の失望と落胆は、現代の歴史家の嘆きを遥かに超えていたに違いない。これを契機に民権陣営の総崩れをもたらし、立憲改進党も解党同然の状況になっていった。

一八八九(明治二二)年二月一一日「大日本帝国憲法」が発布され、九〇(明治二三)年七月一日には、第一回衆議院総選挙が行われた。一〇月三〇日教育勅語が発布され、一一月二五日通常議会が招集された。

大日本帝国憲法第三条は「天皇は神聖にして侵すべからず」と規定し、統治の全権は天皇にありとした。教育勅語と軍人勅諭の思想統制が法治を超えた無限の権力濫用の土壌となり、出版条例、新聞紙条例、集会条例、保安条例、治安警察法など多くの弾圧立法が整備されて、自由民権運動は息の根を止められた。色川大吉は、自由民権運動の限界について、政府が中央集権的体制を固めつつあったとき「組織の統一」ができず、「天皇制の独特の人民支配の差別と疎外の枠組」を克服できなかったことにあると述べている。
一九七二年岐阜県編纂『岐阜県史　通史編・近代・下』は、岐阜県の自由民権運動が残したものをおよそ次のように記述している。

――岐阜県は、士着の士族層の政治活動が不振の地であり、濃飛自由党は板垣退助遭難事件を契機に「大きな連帯感」を生み出して、豪農や自作・小作の農民たちの力を結集していった。岐阜では改進党の力は弱く、政府支持のもと結成された立憲帝政党が生まれたが三党間の政治勢力は激しい対立と抗争を繰り広げた。民権運動の衰退とともに、自由民権運動自体は具体的成果を得ることなく消滅したが、県下の近代的政治・社会運動の導火線となり、次の世代の運動の酵母の役割を果たした。すでに一八七八（明治一一）年七月には「府県会規則」が施行されていて、各府県には県会が設置されていた。特徴としては、岐阜における民権思想の胎動期において、農民的民権と豪農的民権は対立を内包していたものの、豪農の民権家の多くは衆議院議員、県会議員となり、県会は豪農層を中心とする民権活動の一つの拠点となった。

岩田徳義らは県下に「法律研究会」を組織し、自由党的勢力もまた農民・庶民の当局追求運動を支援した。山田頼次郎らは小作倶楽部設立の運動を展開して、明治二四年全国的な地目変換の時に起きた地主の掟米の引き上げに際して、県下の小作人の争議を支援した。「岐阜県では、民権運動における農民的要素が後年まで強く残り、小作運動がほとんど存在しなかった（明治）

二〇年代に、その組織化に努力し、あるいは小作争議等にも関係して当時の農民運動の中心となった」。農民との連携が続いていた地方では、自由民権運動家たちの運動は、県下の草の根の青年運動や社会運動の啓蒙と実践活動の母体となった――

明治の時代が終わり、大正デモクラシーを経て、長い戦争の時代へ。「抵抗権」はいつ、どのようによみがえるのであろうか。

第3章　新憲法の誕生から六〇年代の抵抗権論争へ

1　新憲法の誕生と時代錯誤の政府改正案

一九四五（昭和二〇）年八月一五日、白い雲が湧き上がる青空のもと、日本人民は昭和天皇の「玉音放送」で大東亜戦争に国が敗れて、戦いが終わったことを知った。

「玉音放送」（同年七月一四日付「詔書」）は、次のように国民に対して呼びかけた。

「朕ハ時運ノ赴クトコロ耐ヘ難キヲ耐ヘ忍ビ難キヲ忍ビ以テ万世ノ為ニ太平ヲ開カムト欲ス　朕ハ慈ニ国体ヲ護持シ得テ忠良ナル爾臣民ノ赤誠ニ信倚シ常ニ爾臣民ト共ニ在リ」

日本の無条件降伏に向けたアメリカ、イギリス、中華民国による三国共同宣言、いわゆる「ポツダム宣言」は、一九四五年七月二六日に発出された。すでに沖縄戦は終わっていたが、本土総決戦に固執する勢力の抵抗のなか、アメリカ軍によって八月六日広島、八月九日長崎への原爆投下がなされた。八月九日にはソ連が日ソ中立条約を破棄、満州や樺太に侵攻した。

「ポツダム宣言」は、日本に対して、軍国主義者の統治からの完全なる駆逐、平和、安全、正義の新しい秩序の樹立、武装解除と日本の戦争能力の破砕、戦争犯罪人に対する処罰を条件として、連合国が日本を占領する、さもないと「壊滅あるのみ」と記していた。しかしこの文書は、国体、つまり天皇制について何ら触れられていなかったため、日本に突き付けられた「迅速な受諾」は紛糾した。日本政府は、八月一一日正午になって、ようやく「天皇統治の大権を変更する」要求が含まれていないとの了解のもとに受諾すると連合国側に回答を打電した。八月一二日、連合国側は、「日本の政体は日本国民の自由な意思によって決定される」との立場に立ち、「降伏と同時に天皇と日本政府は連合国最高司令官の従属のもとに入るべし」との「降伏文書」を手交した。日本は八月一四日ようやく「宣言」を受諾した。

一九四五年一〇月四日、連合国最高司令官マッカーサーは「人権指令」(政治犯の釈放、特高の廃止、弾圧蜂起の廃止)を発令し、その後憲法について、幣原《しではら》首相に改正の命令を出した。一九四五年一〇月二五日、政府は「憲法問題調査委員会」(委員長松本烝治国務大臣、元東大教授)を設置し、憲法改正の草案作りに着手した。委員の顔ぶれは、美濃部達吉元東大教授らを顧問に、宮沢俊義東大教授、清宮四郎東北大学教授、楢橋渡法制局長官、入江俊郎法制局第一部長、佐藤達夫法制局第二部長らであったが、翌四六年一月二六日にまとめられた憲法改正案は、驚くことに第一条から第四条(天皇の権限)までは原則「明治憲法」通りとし、「国務大臣の権限強化、議会の議決権の拡充、人権の保護の強化を改正」のみを改正条鋼とするものであった。小幅改正の松本甲案、調査小委員会(宮沢俊義、入江俊郎、佐藤達夫)によるやや大幅修正の松本乙案、宮沢案が作成された。三案は根本的に大差がなく、当然のことながら人権条項は、「臣民の権利義務」とされていた。自由党、進歩党の草案も同じであった。一九四六（昭和二一）年二月一日朝、毎日新聞が宮沢甲案を「憲法調査委員会試案」として全文を一面トップで報じ、「あまりに保守的、現状維持的なものに失望しない者は少ない」と評した。古関彰一『日本国憲法の誕生』は、憲法問題調査会のメンバーは、総じて「ポツダム宣言」受諾の意味、敗戦の意味、民主化政策（すでに伝えられていたマッカーサー五原則＝婦人解放、労働組合の助長、教育の民主化、弾圧機構の廃止、経済機構の民主化）の意味を全く理解しておらず、「GHQの憲法改正に対する日本政府への態度は大きく変化する」ことになったと述べている。

2　私擬憲法草案と抵抗権

一九四五年一二月末には、民間による「憲法私擬草案」がほぼ出そろっていた。最も早く作成された草案は、「憲法研究会」案であった。「憲法研究会」は、社会党の創設者でもある高野岩三郎大原社会問題研究所所長の発声のもと、自由民権運動と植木枝盛の研究をしていた憲法史学者鈴木安蔵を中心に、室伏高信（評論家、新生社顧問）、森戸辰男（大原社会問題研究所）、杉森幸次郎（評論家）、岩淵辰雄（ジャーナリスト）が一一月五日初回の会合を持った。のちに鈴木義男、今中次麿、木村喜八郎が参加した。鈴木安蔵は、〇四年福島県生まれ、京都大学で西田幾多郎に哲学を学ぶが、マルクス主義に関心を持ち、「京大社会科学研究会」（社研）に加入、河上肇に師事する。二五年治安維持法適用第一号「学連事件」に連座して有罪となり、京都大学を退学、敗戦まで在野で研究を続けていた。

一九四五年一二月二六日公表された「憲法研究会」の草案の特色は、国民主権に基づく天皇制と五日市憲法のような豊富な人権規定、ワイマール憲法や社会主義憲法に規定された労働権、社会権の構想にあった。この法案は、政府に届けられると同時に、英訳されて、直ちにGHQにも届けられた。四六年一月一一日憲法改正の担当者であったGHQ民生局法規課長のマイロ・E・ラウエル陸軍少佐（弁護士）が「私的グループによる憲法改正草案（憲法研究会案）に対する所見」としてまとめて、憲法改正を担当する民生局の委員に配布し、「マッカーサー憲法草案」の作成に大きな影響を及ぼした。ラウエルの「所見」は、憲法研究会草案には「憲法が最高法規である」という条項が欠けていると批判を加えていた。

一九五三（昭和二八）年六月五日発行の鈴木安蔵『憲法改正——日本国憲法を中心とする考察』（如水書房）によると、「鈴木私案」には次のような「抵抗権」の項目があった。

一、国民ノ言論学術芸術宗教ノ自由ヲ妨グル如何ナル法令ヲモ発布スルヲ得ズ
一、官民国民ノ自由ヲ抑圧シ権利ヲ毀損スルトキハ、コレヲ排斥、訴追スルヲ得
一、政府憲法ニ背キ国民ノ自由ヲ抑圧シ権利ヲ毀損スルトキハ、国民コレヲ変革スルヲ得

これこそ植木枝盛の憲法案と自由民権思想の「地下水脈」の継承であった。

鈴木は、「この最後の二条文は、公表の際に会員の異論があったので削除したものである。異論は、

これらの条文によって擁護ないし防止しようとする事態については、憲法規定の他の条項、それによる国政運用をもって十分に足りるとされたが、実施六年の経験に顧みると、四一条（国会の立法権）、六七条（内閣総理大臣の指名と衆議院の優越）、六九条（衆議院の内閣不信任）、八一条（裁判所の違憲立法審査権）が当初期待されていた効果をあげえなかった」と反省し、抵抗権は「今日なお現行憲法に対する改正案として妥当しうる」としている。

一七八九年フランス革命によって、人権宣言二条「圧制に対する抵抗」、宣言三五条「政府が人民の諸権利を侵害したとき、反乱は人民及び人民のすべてにとって、最も神聖な権利であり、最も不可欠な権利である」の規定ができたのに対して、なぜ日本では「抵抗権」が明記できなかったのか。鈴木安蔵は、その要因は「日本国民の主体の立ち遅れ」にあり、抵抗権規定は「人民大衆の強力な闘争が成功しない限りあり得ない」として、次のように述べている。

「それは人民大衆自ら旧権力を打倒して、みずからの新しい権力を樹立し、一切の反革命とたたかう決意と主体性を持ちえた政治的状態のなかった一九四六年の日本の現実によるのであり、しかもこの憲法の直接のイニシアチブをとった占領軍――正確に言えば、その指導的地位を占めたアメリカの占領政策・対日政策自体が、旧日本の軍国主義、極端な国家主義、それらの基盤をなしていた封建的な家父長制度にたいしては警戒と批判の態度をとりつつも、それらのすべての上に機構として存在していた天皇制の重要な支柱であり、装飾であり、象徴であった皇位、その世襲制は残存せしめたような性格のものであり、また日本の将来の統治形態は日本人の自由な意思の表明によらしめるとしつつも、それがアメリカ型民主主義形態のものたるべきを当然に前提し、また期待し、いやしくも資本主義社会構成の克服、ソビエト民主主義形態の創出に立ち至るがごときを予想も希望もしなかった事実によるものであることは疑いない」

当時のマルクス主義者の総括として、正鵠を射た洞察であった、と思う。

また高野岩三郎は、憲法研究会の草案公表のあと、「共和制」を提唱した「日本共和国憲法私案要綱」を公表した。墨書された草案には、「明治初期に於ける民権論」を参考にしたと明記している。鈴木安蔵も日本に共和制を受け入れる土壌があれば、「共和制」と「土地の公有性」が理想的であると述べている。

二月二四日公表された「社会党憲法改正要綱」は、民主主義政治の確立と社会主義経済の断行を明示するとして、「主権は国家（天皇を含む国民共同体）に在り」とし、人権条項のはじめに「国民は生存権を有す」と記している。

六月二九日発表の日本共産党の「人民共和国憲法（草案）」は、天皇制の廃止と基本的人権の不可侵性とともに「政府が憲法によって保障された基本的人権を侵害する行為をなし、またかような命令を発した場合、人民はこれに服従する義務を負わない」（七条）と不服従の権利を規定し、外国人に対する国内避難権を定めた。

一九四六年二月一〇日にGHQ憲法草案をもとに、「日本国憲法草案」が作成され、四月一〇日衆議院選挙、四月一七日「帝国憲法改正草案成文」が発表され、議会の審議を経て一一月三日、日本国憲法は発布された。戦争の惨禍を潜り抜けてきた日本の人民は、「日本国憲法」を希望として受け止めたが、日本政府は、連合国から「押し付けられた」と受け止めた。沖縄は新憲法制定後論からは一切除外されていた。

3 社会を変えた二つの判決

一九五〇年代から六〇年代は、争乱の時代であった。憲法に規定された基本的人権や自由が現実の事件において問われ、試された時代でもあった。

一九五二年九月講和条約が締結され、アメリカの占領は終わったが、同時に締結された日米安保条約と日米地位協定により、日本国はアメリカの軍事基地を占領期に引き続き受け入れたままであった。憲法体制と安保体制の矛盾が露呈し始めた。朝鮮戦争前夜、下山、三鷹、松川の謀略の疑いがある三事件が起き、警察による共産党のビラ撤去の抗議に発した平事件（四九年）、中国帰還者大会への援護局女子職員による情報収集に対する抗議の舞鶴事件（五三年）、「基地と反戦」デモと警察隊との衝突から起きた吹田、東京メーデー、名古屋大須事件（五二年）、枚方事件（五九年）等が相次いで起きた。

私が影響を受けた二つの事件がある。一つは「東大ポポロ事件」であり、もう一つは「砂川事件」である。前者の事件は、左陪席小松正富裁判官が私の司法研修所時代の刑事裁判の担当教官であったこと、後者の事件は、社会党系の弁護士が集う「社会文化法律センター」の団員として、センターの代表であった元伊達秋雄裁判長に師事したことによる。とくに伊達秋雄弁護士には、一九九二年には社会党比例代表の参議院議員への道を開き、亡くなられるまで「参議院議員大脇雅子後援会」会長を務めていただいた。

(1) 東大ポポロ事件

破壊活動防止法案の国会上程が問題になっていた一九五二（昭和二七）年二月、東京大学の学内サークル「ポポロ劇団」が、大学構内で演劇発表会を行った。その時警視庁警備係の警官四人が私服で入場し、情報収集を行っていたのを学生三人が摘発した。警察官は、学生らにより監禁され、一時的に警察手帳を取り上げられた。当時の経済学部の学生二人が、「暴力行為等処罰に関する法律」一条違反として起訴され、東京地方裁判所刑事一五部（裁判長山田鷹之、裁判官小松正富、井口浩二）は、五四（昭和二九）年五月一一日「学問の研究並びに教育の場としての大学は、警察権力ないし政治勢力の干渉、抑圧を受けてはならないという意味において自由でなければならない」として、警察官の大学構内における警備活動は「その職務権限の範囲を逸脱した違法な行為」であり、「本来自由なるべき学問並びに教育活動は無形の圧力によって阻害されて委縮し、学問的良心は知らず知らずの間に外部の勢力に企図する方向に順応するようにゆがめられる危険性が現存するに至った」と判示した。被告の守ろうとした価値、利益と警察官の受けた被害を比較した場合、前者は後者よりはるかに重大であるから、被告人の行為は「法令上正当な行為として、無罪」と判決した。いわゆる超法規的違法性阻却事由に該当するものと判断したのである。山田判決は、判決の終わりに抵抗権について次のように説いた。

「官憲の違法行為を目前に見て徒《いたずら》に座視し、これに対する適切な反抗と抗議の手段を尽くさないことは、自ら自由を廃棄することにもなるであろう。自由は、これに対する侵害に対して絶えず一定の防衛の体制をとって守っていかなくては侵されやすいものである。被告人が、官憲の職務行為の違法性を明らかにして自由の権利を守ろうと考え、法定の手続きによる救済を求めるに先立ち、まず自らの手で、違法行為を摘発し、憲法上の原理を蹂躙するがごとき不当な行動を問責することは、……それを機として官憲の違法な自由侵害行為を排除し、阻止するという意味を持つ行為であると認められなければならない」（ルビ：引用者）

一九五六（昭和三一）年五月東京高等裁判所も、分離裁判の被告人一人に対して無罪判決を出した。しかし六三（昭和三八）年五月、最高裁判所は、第一、二審判決を破棄し、事件を東京裁判所に差し戻した。理由は「ポポロ劇団の発表会は真に学問的なものでなく、政治的、社会的活動で、公開の集会であるから、警察官の立ち入りは違法ではない……被告人の行為は緊急にして必要やむを得ない行為と言えない」と判示した。六五（昭和四〇）年六月、差戻しを受けた東京地方裁判所は、被告人らに懲役六月、執行猶予一年の有罪判決を言い渡した。

(2) 砂川事件

一九五七（昭和三二）年七月八日、東京調達局が基地拡張のため、東京都北多摩郡砂川町にある立川飛行場の民有地の測量を開始した。測量に反対する砂川町基地拡張反対同盟、これを支持する労働組合、学生ら一〇〇〇名を超す人たちが、飛行場の北側境界の柵外で集会をしていたところ、一部の者が滑走路北側の境界を数十メートルにわたって壊し、そこから立ち入り禁止の米軍基地へ、ある者は深さ四、五メートル、ある者は二、三メートルにわたって立ち入った。その行為が日本国とアメリカ合衆国間に締結されている安全保障条約第三条に基づく行政協定に伴う刑事特別法違反として、七人が起訴された。五九（昭和三四）年三月三〇日東京地方裁判所刑事一三部（伊達秋雄裁判長）は、被告人全員に無罪判決を下した。判決は次のように述べている。

「憲法九条は日本が戦争する権利も戦力を持つことも禁じている。一方、日米安保条約では、日本に駐留する米軍は、日本の防衛のためだけでなく、極東における平和と安全維持のため、戦略上必要と判断したら、日本国外にも出動できるとしている。その場合、日本が提供した基地は米軍の軍事行動のために使用される。その結果、日本が直接関係のない武力紛争に巻き込まれ、戦争の被害が日本に及ぶ恐れもある。したがって、安保条約によりこのような危険をもたらす可能性を持つ米軍駐留を許した日本政府の行為は、政府の行為によってふたたび戦争の惨禍が起きないようにすることを決意した日本国憲法の精神に反する」「そうした危険性をもつ米軍の駐留は、米政府の一方的決定に基づくものではなく、政府の要請と基地の提供と費用の分担その他の協力があるからこそ可能であり……米軍の駐留を許していることは憲法九条二項前段によって、禁止されている陸海空軍その他の戦力の保持に該当するものと言わざるを得ない。日本に駐留する米軍は憲法上その存在を許すべきではない」

そして駐留米軍を特別に保護する刑事特別法は、軽犯罪法より重い罪を科していて、憲法三一条（適正手続の保障）違反で無効、よって米軍基地に立ち入ったことは罪にならないとし、被告全員に無罪を言い渡した。いわゆる「伊達判決」である。占領以来、「安保体制」に依存していた政界・財界は衝撃を受け、米軍の日本国内駐留の圧倒的既成事実に特別の違和感のなかった国民は麻痺していた意識を一気に覚醒させた。「基地反対闘争は、単なる自由ではなく、憲法一二条の国民の義務である」という弁護団の弁論は、衝撃的であった。警察や政府からの基本的人権侵害行為の根底に流れている「安保体制」と「憲法体制」の究極の相克と対決があらわになった事件であった。

しかし政府（検察）は、直ちに最高裁判所（田中耕太郎長官）へ跳躍上告した。その結果最高裁判所は、「憲法九条二項が保持を禁止した戦力とは、わが国が主体となって、これに指揮権、管理権を行使しうる軍隊を言うから、外国の軍隊は、わが国に駐留していても憲法九条二項の戦力に当たらない。安保条約は高度の政治性を持っているので、違憲か否かの法的判断は司法裁判所の審査権の範囲外である。本件は一見極めて明白な違憲無効とは言えない」という判決を下した。いわゆる「統治行為論」の嚆矢である。最高裁判所の判決は想定内とはいえ、民主主義への覚醒は、六〇年安保闘争となって、三〇万人が国会を包囲、アイゼンハワー大統領の訪日を阻止、岸政権を退陣に追い込んだ。差戻された東京地方裁判所では、弁護団は「被告人らの行為は、憲法秩序を破壊する者に対して、これを阻止しようとした抵抗権の行使であり、正当行為である」と主張したが、一九六一（昭和三六）年三月二七日、被告人らは罰金二〇〇〇円の有罪判決を受けた。

新安保条約、日米地位協定と関連法改正案の批准は国会の会期延長により一九六〇（昭和三五）年五月一九日に強行採決されたのち、同年六月一九日自然成立した。

その日私は国会正門前に座り込んでいた。条約批准が自然成立した深夜零時の刻、座り込んでいた何万の人々の心と体を引き込んだ、希望と絶望がないまぜになった群衆の静寂は、いま思い出しても戦慄を覚える。

近年、注目すべき事実が判明した。二〇〇八（平成二〇）年米国公文書館において、最高裁大法廷裁判長田中耕太郎裁判官が事件継続中に、伊達判決を破棄し米軍の駐留を継続させるために、計三回、駐日アメリカ大使、公使を通じて裁判情報をアメリカ側に伝えていたことが記録されている電報・書簡が発見されたのである。「評議の秘密」が筒抜けとなり、裁判官全一致となるよう努力していることとまで報告されている。最高裁大法廷が刑事被告人に「公平な裁判所の裁判」を保障する憲法三七条に違反する裁判所であったことが判明した。あってはならないことが起きていたのである。司法の中立性と独立性を侵害した「汚染された裁判所」による判断に拘束されて審理した地方裁判所の裁判に法的欠陥があったことになる。当時の被告であった土屋源太郎（当時全学連委員長）ら三人は、二〇〇九（平成二一）年四月「伊達判決を生かす会」を結成し、情報公開を求め、一四年六月一七日刑事訴訟法四三五条六号「新たなる証拠を発見したとき」に基づき、「免訴判決」を求める再審請求を東京地方裁判所に申し立てた。同年一一月、東京地検の「棄却意見書」が出されたが、裁判所は証拠の公文書の存在を認め、アメリカ大使・公使と田中耕太郎最高裁長官（当時）が裁判中の会談をして、評議の話をしていた事実を認めている。東京地方裁判所田辺裁判長は、英文証拠の改めての翻訳者を再審請求者と検察双方に推薦するよう指示した。しかし、結果は原告の敗訴であった。司法の政治・行政からの中立性・独立性はいまもなお、何よりも重大な課題となっている。

4　六〇年代の抵抗権論争

「抵抗権論争」は、さまざまな騒乱事件と相前後して学会を論争の渦に巻き込んだ。日本法哲学会は、「抵抗権の問題」について特集（『法哲学年報　一九五九』）を組んだ。宮沢俊義は、抵抗権を「合法的に成立している法律上の義務を、それ以外の何らかの義務を根拠として否認することを正当と主張する権利」と定義し、「抵抗権は自然法上の権利であって実定法秩序にはなじまない」という説に立ち、実定法上の合法性を否定する有力な説となった。

これに対して、田畑忍同志社大学教授は「抵抗権は、自由権に内在する権利であり、基本的人権の究極の本質的権利である」と主張、その法的根拠として憲法一二条「自由及び権利は国民の不断の努力によって保持されなければならない」の規定は、国民の抵抗の義務を定めたものであり、「憲法九九条」が定める「天皇、国務大臣、公務員の憲法尊重擁護義務」もまた違法に対する大臣や公務員の抵抗義務を定めているとし、双方の規定はあいまって「憲法擁護の義務は国家権力の違権不当の行使に対する抵抗の責務と地位を保障している」「日本国憲法は抵抗権憲法である」と述べた。

菅野喜八郎東北大学教授は、宮沢説を批判して「抵抗権は憲法的秩序（その中核が人権保障）の破壊を阻止するためにそれ自体としては有効な国家行為への受忍・服従を拒否する権利」として働き、例えば公務執行妨害の違法性阻却という形となると説く。

樋口陽一東大教授は、「国家により権力の独占のもとにある今日の社会では、自然法は、実定法から分裂した法思想にとどまっているという事実をはっきり自覚すべきである」と自然法のイデオロギー性を批判し、抵抗権は、悪法・不正の実定法秩序が強行されうるという事実の上に立って、人間の尊厳のために、「合法性に挑戦する正当性」、実定法秩序に対する批判の武器であると主張した。

一九六五（昭和四〇）年『憲法研究所特集・四』（憲法研究所出版会）は、「人類の歴史を前進させる抵抗の実践と抵抗権の追求」について多くの論文を載せた。小林直樹東大教授は、「憲法における順法と抵抗」のなかで、「法秩序は、必然に順法を要求する」が、国民主権に立つ民主的制度のもとでは、統治権原理を無視した圧制の可能性がある限り、個人の尊厳と主体性及び人権を認める憲法それ自体が「民主主義を支える抵抗権」を否認することは原理上できず、実定法上「論理上必然な帰結」となると述べる。デモクラシーの最も安全で持続的な防御装置は、「人民の自発性と主体的な規範意識」であり、抵抗権は「憲法秩序を究極的に保障する武器」であると説く。

平野義太郎（平和運動家）は、五二年メーデー被告事件の特別弁護人として、刑法理論をもってしても否定できない違法性の救済を求める実践的主張としての抵抗権は、「ファシズムに対し、勤労者の人権と民主主義を奪還する人民の法創造」と述べた。

立命館大学教授天野和夫著『抵抗権の合法性』（法律文化社、一九七三）は、「抵抗権は基本的人権であり……人権規定の根底には、国家権力の不正な行使に対する国民の抵抗の歴史と権利が横たわっている」「抵抗権は政治的権利であり……安保体制のもとで抵抗権意識は広く醸成されつつある」として、戦後日本の特殊＝戦後的状況は、「安保体制」と「憲法体制」の矛盾、さらには「安保体制」への傾斜と「憲法体制」の後退という構造変化が、安保体制を抵抗の対象としていて、抵抗権は「安保体制」に対して「憲法体制」を擁護するという形で現実化され、その意味で抵抗権の妥当根拠は日本国憲法に求められている、と著述する。

また、和田英夫明治大学教授は、安保改正阻止闘争を圧制への抵抗の現実化であると主張した。

両者の折衷説として、橋本公亘中央大学教授は、「抵抗権は自然法上の権利であるが、憲法、法律によって定められた一切の法的匡正手段が、もはや、有効に目的を達する見込みがなく、法律秩序の再建のための最後の手段として、抵抗のみが残されているときは、例外として」実定法として成立する余地があるとする。例示として、民主主義秩序に対する重大な侵害、国民主権の否認、国民の権利と自由の基本原則の侵害が客観的に明白な時とした。

抵抗権は、裁判を通じて権利意識を深く耕していく法実践の意味をもった。

5　憲法九九条再考

論争で抵抗権の根拠とされた憲法九九条は、「天皇又は摂政及び国務大臣、国会議員、裁判官その他の公務員は、この憲法を尊重し擁護する義務を負う」と定めている。

法学協会『注解日本国憲法・下巻（二）』（有斐閣、一九四八）は、「これらの者は国政を運用する立場にあり、事実上から言っても、憲法に違反する可能性が最も多いのみならず、彼らが憲法を無視した場合には、その弊の及ぶところ広範で、憲法の運命をも左右するに至る」と述べている。母法はアメリカ憲法六条三項である。しかしどのような義務かについては論争がある。

通説は、「憲法規定及び精神を忠実に守る義務」つまり政治的、道義的義務説である。判例も同じ立場である。宮沢俊義『日本国憲法』（日本評論社、一九五五）は「憲法改正手続き以外の方法で変えること、または唱えることは、その義務に違反する」と述べる。

ただし効果は、内閣不信任決議、選挙、国家公務員の懲戒、裁判官の弾劾という間接的なものしかもたない。天皇は無答責の原則があるから内閣が責任を負うとされている。

法的義務説は少ない。「憲法違反に対して公務員の抵抗の義務」が生ずる。

鈴木安蔵は、憲法の無視、違反、破壊は権力者によって行われることが多いとして、法的義務の実効性を求め、刑法典に「公務員の憲法違反の罪」の明文化を提言する。

「憲法九九条の復権」を提唱するのは、秋葉忠利『数学書として憲法を読む』(法政大学出版局、二〇一九)である。元広島市長・衆議院議員の秋葉は、元マサチューセッツ工科大学の数学者でもあり、政治がつけ込む余白のない論理一貫性を持つ。秋葉は、「実効的な立法措置(制裁を含む)が存在しないから義務ではないという法律家の当たり前の法理」に異議を唱えて、法的義務は「原状回復」のメカニズムによって保障すべきであると言う。さらに天皇の憲法違反義務は、国会、内閣、裁判所の三権が憲法違反をした場合に「出番」があり、また内閣総理大臣に憲法順守の「宣誓」をする新たな制度の創設を提唱している。法律家に対して法的義務と効力の再考を迫るものとなっている。

6　本土の基地の不可視化政策と沖縄への基地移転

一九六八年七月当時、アメリカに提供されていた基地の四五%は、東京、埼玉、神奈川の一都二県に集中していた。軍の基地使用によって、都市部では訓練による騒音と落下物の危険性、風俗被害、農村部では農林野の没収、入会地《いりあい》の立入禁止、農業用水権の侵害、保安林の伐採、漁場の荒廃、操業制限、漁獲量の減少などの問題が生じ、本土の外国軍隊駐留に対する「反米感情」が高まっていった。

六八年以降、佐世保エンタープライズ寄港阻止と原子力潜水艦の放射能漏れ、成田国際空港反対、ベトナム野戦病院「王子病院」反対運動、九大墜落事故と板付《いたづけ》飛行場撤去運動などが起き、三派全学連（共産党・民青系全学連、中核派とブントの学生組織社学同、社会党青年組織から生まれた社青同解放派）の過激化の中で、深刻化していった。基地の実態調査が行われ、意識調査では、住民の八二・九％が「基地反対」であった。反基地勢力の高まりは、日米安保条約の自動延長を目前に控えた日本政府にとって見過ごせない課題となった。日米間で、都市部の基地の解決が喫緊の課題となる。

アメリカの基地政策は、安全保障戦略、予算の制約、基地の政治的受容性の三本柱であった。日本政府の政策は、アメリカからの「捨てられ不安」を抱えて、米軍基地をできるだけ自衛隊との共同使用化するとともに、基地移転費用を日本側負担としつつ、本土の基地の「収容先」を沖縄とすることであった。六八年を境に本土の基地負担は暫時減少し、対して沖縄が五〇％を上回っていく。政治問題化しやすい陸上兵力（陸軍と海兵隊）は沖縄に多く置かれ、不動産価格の高い府中・関東地区の基地返還を先行し、板付、横田の航空部隊は嘉手納《かでな》へ、厚木のヘリ部隊は普天間《ふてんま》へ、上瀬谷《かみせや》の諜報機能も沖縄の通信施設へしわ寄せされた。一九六〇年から七〇年にかけて、内灘、砂川、静岡、岐阜、山梨などの基地は沖縄に移った。沖縄へ移転された基地は拡張の一途をたどり、レクリエーション施設も多く建設された。沖縄では基地闘争も激化しつつあったが、基地縮小要求は無視された。

以上は、川名晋史東京工業大学准教授『基地の消長 1968年―1973年――日本本土の米軍基地「撤退」政策』（勁草書房、二〇二〇）の論述によるが、川名の述べるように、六〇年代後半から沖縄返還の七〇年代前半にかけて「首都圏の基地は横田に集められて、本土の基地は、人々の視界から徐々に遠のき、本土の基地問題は沈静化の一途をたどって」いき、いわゆる基地の「不可視化」は、世界中で基地問題の解決に奏功してきた。

沖縄が本土に復帰して五〇年、沖縄の米軍基地は日本の米軍基地の七四・六%を占める。

本土が基地反対闘争のなかで「無自覚に懐胎」した沖縄米軍基地の縮小撤去の抵抗と民意に対し、私たちはどう向きあうべきであろうか。本土側の加害の罪はどう問われるべきだろうか。

第4章 沖縄戦、「非暴力」にこめる命どぅ宝

1 「琉球併合」と沖縄の自由民権運動

(1) 琉球併合と沖縄への差別

一八七一(明治四)年「廃藩置県」を布告した明治政府は、七二(明治五)年清朝と交流のあった琉球国を「琉球藩」とし、七九(明治一二)年熊本の兵士三〇〇名を伴って首里城に侵攻し、強制的に「沖縄県」を設置した。この過程を「琉球処分」と呼んできたが、「琉球処分」は権力の側からの呼び方で、沖縄の歴史と東アジアにおける日本の帝国主義的植民地化の中でとらえて「琉球併合」と呼ぶべきであるとする言説が一般化しつつある(波平恒男『近代東アジア史のなかの琉球併合』岩波書店、二〇一四)。

一五世紀に発展した「琉球王国」は、中国・朝鮮からマラッカ・シャムを結ぶ「海のシルクロード」の中核の貿易国であり、首里城を警護する常備軍は持っていたが、非武装・平和の国であった。一六〇九年、島津の軍隊に武力をもって侵攻され、薩摩藩の直轄領とされたが、清朝と日本とに両属していた。しかし交易の利益は薩摩藩への上納となって、琉球は搾取され、住民は貧困にあえぐこととなった。

琉球併合後は、素早く「徴兵制度」がとられ、皇民化政策によって、沖縄の言葉は方言として使用が禁止され、天皇の臣民となるよう標準語による思想教育が徹底化された。授業中に沖縄の方言を口にする生徒は「方言札」を首からかけられたという。沖縄では、納める国税に比較して施策への支出は少なく、旧藩時代から続いた農村の疲弊にも改善の兆しはなく、県庁の役人や政治・経済の中心は鹿児島県人や他県からの移住者に握られて、沖縄の人たちに差別感を助長していった。

一九一一（明治四四）年四月、河上肇京都帝国大学助教授（当時）が、沖縄調査をしたとき「沖縄を観察するに、沖縄は言語、風俗、習慣、信仰、思想、その他あらゆる内地と歴史を異にするがごとし。而して或いは本県人をもって忠君愛国の思想に乏しい。然れどもこれは決して歎ずべきにあらず。余は之なるがために却って沖縄人に期待するところ多大なると同時に、また最も興味多く感ずるものなり」と講演して、いわゆる「舌禍事件」を起こし「非国民扱い」されたということから見ても、沖縄における皇民化政策が徹底して行われたことを伺うことができる。

大正末期の砂糖相場の暴落などによって、庶民の暮らしは「ソテツ地獄」（米や芋が不足して、救荒食としてソテツを食べるしかない状況にあったが、毒抜きが不十分なためしばしば食中毒を起こして、死亡する人も少なくなかった困窮の様をいう）といわれた。

その頃の沖縄では、多くの島民が差別と偏見と経済的貧困に苦しみ、ハワイ、フィリピン、ブラジル、ペルー、南洋諸島に海外移民を送り出した。九州の炭鉱にも沖縄の人々は出稼ぎに出かけ、底辺労働者として働いた。その島民の姿と生活を上野英信『眉屋私記』（海鳥社、二〇一四）はくまなく描いている。

(2) 沖縄の自由民権運動

日本の自由民権運動家の「沖縄に対するまなざし」はどうであったのか。

色川大吉は、自由民権運動の内部的弱点として、「脱亜入欧」の考え方の差別構造を批判している。「脱亜入欧論」は、一八八五（明治一八）年三月、福沢諭吉により提唱されたもので、彼は「中国と朝鮮は亡びて、やがて世界文明諸国の分割に帰するので、日本はアジアの仲間を脱して、西洋の文明国と進退を共にして、対応処分すべきである」と論じている。自由民権家たちは、国権の確立と欧米の不平等条約からの脱却を掲げていたため、沖縄・アイヌや被差別部落の人たちに対して、朝鮮・台湾、中国の人たちへと同様に、偏見と差別にとらわれ、蔑視していた。そのことが「琉球処分」や「朝鮮処分」をなんの違和感もなく、受容することにつながった。当時、琉球への差別感を克服していた民権家は極めて少数で、中江兆民や田中正造が挙げられるが、なかでも植木枝盛は琉球独立論で卓越していた。彼は「琉球処分」に際し、日本と清国の政府のあいだで、琉球を沖縄本島と石垣・八重山群島に分割して統治する案が交渉の俎上に載ったとき、「野蛮不文」「残忍酷虐」と批判して、琉球を独立させ、「万国共議政府によって安全を保障する構想」を提示していた。植木枝盛は、すでに八〇（明治一三）年の『無上政法論』の著作において、「非武装・中立・集団保障」の道を模索していて、万国共議政府のイメージは、いまの「国際連合構想」によく似ていた。

沖縄における自由民権運動家謝花昇《じゃばな》の抵抗を忘れてはならない。沖縄から最初に公費で本土に派遣された農民出身の留学生謝花昇は、留学生時代に中江兆民に師事し、自由民権思想を沖縄に広めたことで知られる。謝花昇は、農業学士として県庁の農業技師となり、製糖法の改良、造林法の実地指導、蚕業の研究で実績を上げたが、杣山の払い下げ問題や土地整理をめぐって「民衆の権利」（入会権）を守ろうと、当時無謀な開墾政策や濫伐《らんばつ》政策を強行しようとした奈良原繁知事と対立して退官した。一八九八（明治三一）年「沖縄倶楽部」を結成し、機関誌『沖縄持論』を発行、沖縄の住民にも参政権を与えよと主張した。しかし自由民権運動に加わる同志は少なく、奈良原知事の強権的な暴政により、機関誌は発行禁止処分となる。孤立した抵抗運動を続けたが、経済的に困窮して沖縄を去り、一九〇一（明治三四）年志半ば、神戸駅で倒れ、無念の死を遂げた。沖縄では、謝花昇は「沖縄解放の使徒」「中央権力の抵抗精神の象徴」として語り継がれ、孫文は謝花昇を「興論の母 沖縄の志士」と呼んだという。大江健三郎は、『沖縄ノート』（岩波書店、一九七〇）において、沖縄返還交渉に関して「謝花昇の暗く鋭い眼が見つめていると考える時、僕の内部で琉球処分の葛藤が、いちいち自分の内なる日本の『中華思想』的感覚をつきあげ、揺さぶり、ほじくりだす格好でうごめきはじめるのを抑制するてだてがない。それで前方は明るいのか、と暗く鋭い眼は問う」と記している。いま、一人ひとりの「内なる琉球処分」の自律的告発こそが必要であろう。

日本本土では、国会が設置されて、衆議院議員の選挙が行われたのは、一八九〇（明治二三）年であったが、沖縄全域で選挙が施行されたのは一九一九（大正八）年であり、本土との完全な法制一体化が実現したのは一九二一（大正一〇）年のことであった。

2　悲惨と慟哭の沖縄戦

(1)　軍官民の共生共死一体の軍命令

沖縄は、唯一日本の中で「郷土隊」を持たなかった。一九四四（昭和一九）年三月一五日、沖縄に第三二軍が結成され、第三二軍司令部は一一月一八日「報道宣伝防諜等に関する県民指導要綱」（大城将保編『一五年戦争極秘資料集・第三集』不二出版、一九八七）において、「我が国の存亡は東亜諸民族の生死興亡の岐るる所以をもって認識せしめ、真に六〇万県民の総決起を促し、もって総力戦体制への移行を急速に推進し、軍官民共生共死の一体化を具現し、いかなる難局に遭遇するも毅然として必勝道にまい進するに至らむ」との方針を立て、地上決戦に備えた。開戦当時、沖縄から一〇万人を超える人々が九州や台湾に疎開していたが、約四五万人の住民が沖縄に残っていた。満一四歳以上の男子中学生や師範学校の生徒は「鉄血勤皇隊」や「護郷隊」に、女学生は「ひめゆり部隊」「白梅部隊」など看護隊に組織された。

一九四五年三月二三日、米軍は慶良間《けらま》諸島に上陸、約一八万人の兵力を投入した。日本軍は首里城の丘陵地帯の地下に陣地を作り、約一一万人の兵力で迎えうった。沖縄の部隊は「斬り込み隊」として最前線に立たされた。

二か月の攻防ののち日本軍は南部へ敗走、六月二三日戦いは終わった。一般市民一〇万人から一六万人（推定）、日本軍一〇万人（沖縄出身軍人軍属二万八千人、県外六万六千人）、英米軍一万二千人が命を失った。使用された爆弾は約二〇万トン、本土分一六万トンを超えている。「鉄の暴風」が島を覆った。

軍官民の連帯感の美談が語られることも多いが、沖縄戦の実相は軍の命令によって、家族・親族・隣人同士のあいだで殺害・遺棄が強制され、「集団自決」、住民をスパイ視しての軍による村民の虐殺、避難していたガマ（洞窟）からの追い出しによる遺棄、逃亡する住民や兵士の殺害などが起きた。沖縄戦の特徴は軍人より、非戦闘員である村民の被害者が多いことである。

これらの悲惨な行為は、日本軍が「沖縄県民は皇国を守る殉国思想に欠ける」との差別的な考え方をもっていたことと無縁ではないと思われる。

(2)「集団自決」は軍の命令だったのか

二〇〇五年、大江健三郎著『沖縄ノート』における「集団自決」の著述部分と出版元岩波書店に対して、元日本軍の守備隊長らが提起した名誉毀損民事訴訟において、二〇〇八年三月二八日大阪地方裁判所第九部（合議）は、次のように判示（判決要旨）した。

「座間味《ざまみ》島及び渡嘉敷《とかしき》島では、いずれも集団自決に手榴弾が利用されたが、多くの体験者が日本軍の兵士から米軍に捕まりそうになった際の自決用に手榴弾が交付されたと語っていること、沖縄に配置された第三二軍が防諜に意をもちいており、渡嘉敷島では防衛隊員が身重の妻等の安否を気遣い数回本部を離れたために敵に通報をする恐れがあるとして処刑されたほか、米軍に庇護された二少年、投降勧告に来た伊江島の男女六人が同様に処刑されたこと、米軍の「慶良間列島作戦報告書」の記載も日本軍の住民が捕虜になり日本軍の情報が漏れることを懸念したことを窺わせること、第一、第三戦隊の装備からして、手榴弾は極めて貴重な武器であり、慶良間列島が沖縄本島などと連絡が遮断され、食糧や武器の補給が困難であったこと、沖縄で集団自殺が発生したすべての場所に日本軍が駐屯しており、日本軍が駐屯しなかった渡嘉敷島前島では集団自殺が発生しなかったことなどの事実を踏まえると、集団自決には日本軍が深く関わったものと認められる」とし、元守備隊長であった原告が「自決命令を出したこと自体」までは認定できないが、合理的資料もしくは根拠があると評価できるから「事実は推認できる」（ルビ：引用者）

大阪高等裁判所第四部民事部は、二〇〇八年一〇月三一日の判決において、原審判決を認容して、「総体としての日本軍の集団自決への関与、強制と誘導の問題としてとらえ、実態を直視すべきである」とした。

その裁判において証言した金城重明の陳述書では、軍の命令で、村長が忠魂碑の前に村民を集め「天皇陛下万歳」を唱えて自決しようとしたが、操作ミスや湿気のため発火しない手榴弾が多く、住民は大混乱に陥り「家族が家族を殺した」、「渡嘉敷の集団死では、棒切れ、鎌、ナイフ、石など、手に取れるあらゆるものが凶器となった」と記している。そして「日本軍が生き残っていたことを知り衝撃を受けた。日本軍に対する不信感、恐怖心が生まれた」と述べている。

五月二五日、日本軍の首脳部は首里城を放棄して、住民の一大避難地域の南部に向けて移動し、住民を盾にして戦争を長期戦に追い込んだ。早期終戦の意見具申に対して、昭和天皇は、もう一度戦果を挙げてからでないと難しいと答えたといわれている。沖縄の地上戦は、予期する戦争終結に向けて、「本土決戦」の時間を稼ぎ、あわよくば「国体護持（天皇制の維持）」を条件とする和平交渉への道を探るための「捨て石作戦」であった。

(3) 沖縄戦のトラウマ

戦争が、日常の暮らしの場で起きたことは、決定的に沖縄の人たちの心に深い傷を残した。人間はひとりの身体のみで呼吸して生きているのではない。故郷の空、山、川、野、風、水、匂い、音、家族、親戚、友人、集落の息づかいのすべてと一体となって生きているからである。それらがすべて破壊され、遭遇した身近なものの「死」の苦痛は計り知れない。

東京弁護士会・沖縄委員会のシンポジウム「沖縄とともに」（二〇二一年六月二六日）において、メンタルクリニックなごみ（福島県相馬市）の精神科医蟻塚亮二医師は「沖縄戦による心的外傷後ストレス障害（ＰＴＳＤ）」の講演で、沖縄の精神疾患の有病率は本土の二・四倍（一九六六年調査）であり、現在の老人介護施設に入居している老人の四〇％が沖縄戦のトラウマ（ＰＴＳＤ）に悩まされていると話した。

自らの年齢を言えない九〇代後半の認知症の女性は、一日おきに夜中に「弾が飛んでくるから防空壕に逃げなきゃいけない、荷物をまとめなさい」と言って暴れて泣く。またある女性は戦時記憶が増大したため、銃撃で七歳で死んだ息子の慰霊祭に出られなくなった、という。精神被害の概観としては、晩発性PTSD、命日反応型うつ、死体の匂いの記憶のフラッシュバック、慢性疼痛、パニック障害、人格変化、トラウマ体験の幻視・幻覚、不眠など言語化されない戦争体験がある。

太田保之長崎大学教授らの調査によると、ナチス収容所体験者の五〇年後の精神疾患の有病率は二五・五％、ベトナム戦争帰還兵は二三・七％、長崎原爆被害者三一・九％、そして沖縄戦争体験者の六八年後の有病率は三九・三％との報告がある。本土空襲と違い沖縄では戦災時から終戦後まで救援もなく、調査もなく、ケアもなかった。太田昌秀元沖縄県知事は『沖縄のこころ――沖縄戦と私』（岩波書店、一九七二）のなかで「沖縄戦の理解なしに『沖縄』は理解できず、いわんや戦争を憎み全力を尽くしてそれを阻止しようとはかる『沖縄の心』と結びあうことなど不可能にもひとしい」と書いている。

(4) 日本政府の欺瞞

一九七〇年から沖縄戦の体験者からの聞き取りを続けてきた石原昌家沖縄国際大学名誉教授は、国家により準軍属扱いされ、戦傷病者戦没者遺族等援護法が適用され、靖国神社に合祀されることによって、「沖縄戦体験が国家により捏造」されてきたことを告発している。日本政府は「集団自決」は、天皇のため、国のために崇高な犠牲的精神により、自らの命を絶った老幼婦女子によるものという認識で、教科書への記載をも要求している。沖縄靖国神社合祀取消訴訟は、国防族の動きが活発化し始めた一九八一年、六歳未満児へ援護法の適用が拡大され、靖国神社への合祀がされることになったのを機に提訴が準備されるのだが、援護法の準軍属の定義には「軍の要請に基づいて戦闘に参加した戦闘参加者」と記述されている。「集団自決」の実相は、日本軍による強制死である。訴訟は、靖国合祀は家族の承諾なく行われたもので、遺族の人格権を侵害するとして、援護法の仕組みを問い、国家の戦争責任を追及するものとなったが、那覇地方裁判所は、靖国合祀の「教義的背景に立ち入るのは裁判所の権限を越えるもの」として原告の請求を棄却した。石原は「死者は語れない。しかし死者の言葉は蘇らせることができる」と語っている。現在、南部戦跡地の土砂を辺野古新基地の埋め立てに使用しようとする無神経な政策が沖縄県民の怒りを買い、条例化の動きが出ている。沖縄全土が沖縄戦遺品の島であるが、とりわけいまだ多数の沖縄戦の行方不明者がいるなかで「死者の尊厳と故郷に帰る権利」を冒涜することは許されない。

3　米軍占領下の土地収用と非暴力の抵抗

(1) サンフランシスコ講和条約第三条と沖縄

沖縄戦末期になると、戦場を逃げ回ったりガマに潜んでいたり、投降したり捕虜になったりした人たちは、すべて米軍の収容所に入れられた。終戦から戦後にかけて島内に設けられた民間人の収容所は沖縄本島一二か所、本島以外五か所、ハワイ三か所、その他沖縄への海外からの引揚者用の収容所二か所の記録がある。

米軍は、沖縄の米軍基地から本土への爆撃を行い、一九四五年「米海軍政府布告第一号」(ニミッツ布告)を出し、日本の行政権を停止して、軍政を開始した。米軍は宜野湾《ぎのわん》、普天間など沖縄本島に一八本、伊江島に四本の滑走路の設置を計画、嘉手納基地の滑走路を拡張するために、戦争中から接収する軍用地の住民らは、収容所から帰還させることなく、多くの沖縄の人たちをたらいまわしに収容所に移動させ、その間に米軍基地を造るために土地を接収した。村民が収容所を出たら、村は「基地」となっていた。一九四七(昭和二二)年九月の時点で、米軍が接収した基地は、沖縄本島の総面積の一四%を占めた。

一九四七年五月三日日本には憲法が公布され、講和条約の締結が模索されるなかで、日本政府は沖縄の米軍基地の存続は不可避と考えた。『昭和天皇独白　寺崎英成御用掛日記』(文藝春秋、一九九五)によると、折から昭和天皇は、九月一九日、宮内庁御用係寺崎英成を通して、米軍GHQ政治顧問シーボルトに対し、「米軍が沖縄その他の琉球諸島に対する軍事占領を継続することを希望している」と伝えた。冷戦下の日本の安全保障上、主権は日本に残しながら「二五年ないし五〇年の租借方式」とすべきと提案したという。この「天皇メッセージ」は、口頭でなされたというが明らかに憲法四条違反である。

この発言は政治的にも利用されて、沖縄は二七年間の米軍占領下に放置されることになった。一九五二（昭和二七）年サンフランシスコ講和条約が締結され、条約三条によって沖縄は、アメリカを唯一の施政権者とする信託統治制度（いわゆる植民地、現在は国連憲章七八条により国連加盟国には適用されない）とするアメリカの提案が国連で可決されるまでのあいだ、アメリカが領土と住民に対して行政、立法、司法の権力を行使すると定められていた。日本政府はアメリカによる沖縄の占領支配を認め、沖縄は日本から切り捨てられた。そして日本が国連に加盟したにもかかわらずその規定は見直されることはなかった。

(2) 伊江島の陳情規定と非暴力の抵抗

一九五三（昭和二八）年四月、アメリカは布令一〇九号「土地収用令」を公布し、所有者の同意なしに土地を接収することを可能にした。「銃剣とブルドーザー」による基地の拡張と軍用地料の一括払いの方針に対して、住民の不満は高じてその怒りは「島ぐるみ闘争」に発展していった。

例えば激戦地であった伊江島では、四月一六日米軍が上陸、一五〇〇戸の家ですべてが犠牲者を出し、どの家でも「思い出すだけで気絶してしまうほどの苦しみ」のため戦争の話はしない、という。収容所でたらいまわしになり、一九四七年末に真謝《まじゃ》の村人たちが帰村した時は、村の六三％が軍用地に接収されていた。米軍による一方的な立ち退きの強制、基地建設、演習開始が端緒となって、米軍を民主主義の体現者と過信していたことを思い知った村民は、沖縄のガンジーと呼ばれる阿波根《あはごん》昌鴻《しょうこう》と仲間たちを中心に米軍に陳情活動を始めた。村民が集まって作成した「陳情規定」は以下の通りである（阿波根昌鴻著『米軍と農民』岩波書店、一九七三年、五〇から五一頁）。

「一　反米的にならないこと
一　怒ったり悪口を言わないこと
一　必要なこと以外はみだりに米軍にしゃべらないこと。正しい行動をとること。ウソ偽りは絶対語らないこと
一　会談の時は必ず座ること
一　集合し米軍に対応するときは、モッコ、鎌、棒切れその他を手に持たないこと
一　耳より上に手を上げないこと（米軍は我々が手を上げると暴力をふるったと言って写真をとる）
一　大きな声を出さず、静かに話す
一　人道、道徳、宗教の精神と態度で折衝し、布令、布告など誤った法規にとらわれず、道理を通して訴えること
一　軍をおそれてはならない
一　人間性においては、生産者である我々農民の方が軍人に優っている自覚を堅持し、破壊者である軍人を教え導く心構えが大切であること
一　このお願いを通すための規定を最後まで守ること

右誓約いたします。

一九五四年一一月二三日　真謝　西崎全地主一同」

この陳情規定は、誰がまとめたものではなく「これ以上殺されたらおしまい、無抵抗の抵抗、祈り、おねがい、悲願、嘆願」で押していくという想いに貫かれていて、何度読んでも「なんと人間としての尊厳と衿持と誇りに満ちていることか」と感嘆する。陳情方針では、標的とされる代表者は作らない、その都度適当な人を選ぶ、みんなで支えあう、みんなが代表という民主的組織の本髄が基本となっていた。

村民は、粘り強く「陳情（交渉）」と「集会」を重ねるうちに「米軍の狡さ」と行政の「豆腐に釘」の不甲斐なさに直面して、孤独感のなかで、座り込みを開始する。米軍の演習開始の強制的な実力行使に追い詰められて、餓死の迫るなか、一九五五（昭和三〇）年から五六年にかけて、村民たちはむしろ旗をたて「米軍の武力によって乞食を強いられた」と沖縄本島の那覇などへ「乞食行進」（ムンクーチャ。托鉢行進ともいう）を始めた。そのなかで「通行証不所持」を理由に逮捕・拘留・起訴される者が出たが、「土地を守る」決意は揺るがず、真謝の抵抗は沖縄全土の土地を守る「島ぐるみ闘争」へと拡大していった。伊江島の住民による非暴力の抵抗は、苛烈な「怒り」とともに、人間性の寛容さにあふれ、「ここは私たちの生きる場所」を展望して、非暴力・不服従で抵抗する積極的・能動的・不退転の行動なのである。あとでわかったことだが、当時本土における砂川基地反対闘争と非暴力抵抗の連帯があったという。

伊江島の「陳情規定」は、私が参加した辺野古の座り込みの現場でもビラとして配布されていたし、高江のヘリパッド基地建設のN1ゲート前にも大きな看板が立つ。

(3) 非暴力闘争の系譜

インドのガンジーは、独立運動を暴力でねじ伏せようとする英国軍に対して、自ら「糸車」を廻して布を作って農村の自立を模索した。またイギリスによる塩の専売に抗議して、「塩の行進」によって「塩を作ろう」と呼びかけた運動は、八〇人から数千人に膨れ上がって、やがて英国製品のボイコット運動に拡大し、独立運動へと国民を統合していった。

インドにおける非暴力運動は、キング牧師らのアメリカの公民権運動に影響を及ぼし、白人専用席のバスのボイコット、レストランの白人専用席への座り込み（シット・イン）、バスに白人と黒人が並んで座り、ともに南部へ向かうフリーダム・ライト運動（自由のための乗車運動）などの非暴力の抵抗を経て、人種差別を禁止する公民権法の制定へ道を開いた。非暴力・不服従の抵抗運動は、アフリカのアパルトヘイト（人種隔離政策）に和解と寛容を説いたネルソン・マンデラの運動、北アイルランドの「平和行進」を主導したショーン・マクブライド（アムネスティ・インターナショナルの創設者）の抵抗、チベットのダライ・ラマ一四世の自治への抵抗、パキスタンの人権・フェミニズムの活動家マララ・ユスフザイの教育運動など、世界各地に広がっていった。

世界の非暴力抵抗の系譜に、沖縄・琉球弧も名を連ねている。沖縄の非暴力の抵抗は、国際的にも注目され、「いかなる国も他国の軍隊は置かない」という目標に向けて、大きな指標となっている。

4 コザ騒動と抵抗権

(1) 沖縄の本土復帰運動とコザ騒動

一九五〇年代から六〇年代にかけて、本土では基地反対闘争が激化した。当時本土八、沖縄二だった基地の割合は、本土の基地が沖縄へと移転されたことで、七二（昭和四七）年の沖縄の本土復帰ころには、七五％が、日本の〇・六％の沖縄の土地に集中していた。

沖縄県民は、日本に復帰すれば、過酷な米軍支配から解き放たれ、基地が縮小し、日本国憲法に規定された権利と自由を取り戻せるはずだとの思いで、復帰運動に取り組んだ。が、沖縄の「本土並み」の基地縮小は実現せず、「非核三原則」は「核の密約」により隠蔽され、占領当時のままの現状が維持された。これは沖縄県民を裏切る、県民にとっては「屈辱的」なものであった。

一九七〇（昭和四五）年一二月二〇日「コザの騒動」が起きた。コザ騒動は沖縄民衆の直接的な反米実力行動であった。コザ騒動の裁判の判決は次のように「事実」を認定している。

「コザ市（現沖縄市）の琉球政府道二四号線上において、米軍人が運転する乗用車が、道路を横断中の沖縄の住民をはねて怪我を負わせる事故が発生した。米軍憲兵（M・P）及びコザの警察官が事故処理をしていたところに、次々に通行人が集まり、その数が次第に増し、酒気を帯びたと思われる数十名が加害車輌を取り囲み、歩道上にも三〇名ほどの野次馬が集結して、「ヤンキーゴーホーム、無罪判決の二の舞にするな、M・Pに事件を引き渡すな、警察はアメリカの犬か」と叫び、警察官が歩道まで誘導しようとしたが聞き入れなかった。先に糸満市で起きた米軍車輌による主婦礫死殺傷事故が米軍事裁判で無罪となったことに抗議行動が起きていたこともあった。午後一時頃になって、M・Pのひとりが加害車輌と同乗していた婦人をつれて、エンジンをかけて車を発進させようとした。これを見て群衆が怒りだし、一〇名ほどの人が車輌を揺さぶり、「車をM・Pに引き渡すな。沖縄人民裁判にかけろ」と車の進行を阻止、危険を察知したM・Pが他の数名のM・Pの加勢をえて同乗の婦人を救出し、群衆を排除して加害車輌を退去させた。群衆はますます増えて数百名に達し車両退去に抗議、二四号線上になだれ込んで道路を占拠、交通を遮断した。二時頃その中を縫うように沖縄人を乗せた米軍車輌が徐行進行してきた。群衆の一部がこれを足蹴にし、たたいたり、罵倒して車輌を止めようとしたところ、運転していた米人が急発進して、近くに停車していた車に衝突した。「またやったのか」と、約一二〇〇名の群衆が集まり、取り囲んでいたところ、十数名のM・Pが拳銃を二〇から三〇発威嚇発砲して現場に駆け付けたが、群衆は投石して抵抗したので救出出来なかった。二時半ころになって、転倒した米軍車輌に火をつけた紙が投げ込まれ、沿道に停車中の米軍車輌（いわゆる黄ナンバー）約五〇台を、約一八か所の路上で放火した。消防隊が駆け付けたころには群衆は三五〇〇名に達し、米軍の兵士二〇〇名と対峙、米軍ゲート内の施設にも放火がなされた。米軍は威嚇発砲し催涙弾を発射、群衆を退去させた」

騒動は自然発生的に起きたが一人の怪我人もなく、沿道の民家にも被害はなく、略奪行為も皆無であった。コザの人たちの怒りは頂点に達していたが、不思議に統制が取れた反乱であった。炎上させる車の選別、黒人兵の保護、車の所有者との現場での協議など、基地で差別されていた黒人兵は連帯の拍手をした、といわれている。

真藤順丈《しんどうじゅんじょう》『宝島』（講談社、二〇一八）は、コザ騒動の起きたとき、交通事故に遭遇した主人公グスクの気持ちを「やりすごせなかった。何かよみがえるような予感が萌していた。過去になくしたと思っていたものに最後にもう一度、手をかけられそうな胸の疼きがあった。だから答えてくれ、何とか言ってくれ、黙殺したらならん……住民たちはとっくに忍耐の限界を迎えている」「だれも先導はしていない。これと言って号令が出ているわけではないのに、群衆のなかには奇妙な統制がうまれていた。……暴動に血が波打ち、髪の先まで電流が這いあがった。……風が沸騰していた。運命にひしがれて、戸惑い、さまよい、抑えきれないものを解放した人たちが走っている。……母なる沖縄の大地はこの島を戦場にするな、平和の島にして返せと叫んでいる」と語らせている。

また小林武「コザ騒動と抵抗権」（『愛知大学法学部法経論集』二二八号、二〇二一）は「沖縄の黒人兵から沖縄の人びとへのアピール」を紹介している。

「黒人たちはオキナワと同じ状況を体験してきました。黒人闘争は四〇〇年以上、そして今も続いているのです。私たちがオキナワにやってきたのは黒人自身による選択ではありません。我々黒人の祖先はオキナワ人と同様、強制的に外国との戦争に駆り出されました。黒人はオキナワと同様、解放のために長い間戦ってきました。誰があなたの権利獲得を止めることができるでしょうか。（中略）黒人は暴動が起きるに至った状況をよく知っています。暴動は全く正当な動きであったし、それ以外にヤツラをやっつける方法はないのです」そして彼らは「Right-on（異議なし）」とメッセージを送っている。

(2)「抵抗権」にかかわる判決

コザ騒動の中心的な役割を果たした三名の被告人に対しては、検察は首謀者・付和雷同者の区別がつかないとして騒擾《そうじょう》罪の起訴はせず、建造物以外の放火、公務執行妨害、凶器準備集合の罪で裁判が始まった。弁護団に参加した照屋寛徳衆議院議員によると、弁護団は、米軍の占領下の適用法令であるアメリカ憲法に基づき、「抵抗権」を法的根拠として「無罪」を主張した、という。沖縄における裁判上初めての「抵抗権」主張であった。裁判は本土復帰後、日本国憲法体系のもとで裁かれ、一人は懲役二年、他の一人は懲役一年半、もう一人は懲役一〇か月に処せられたが、全員に執行猶予が付いた。那覇地方裁判所判決（一九七五〈昭和五〇〉年六月一七日）は、「抵抗権」について詳細な検討を加えて、次のように判示した。

「本件における圧政に対する抵抗が刑法上違法性阻却事由たりうるかは、その質的な面から、さらにはそれらの解釈上消極的とならざるを得ない。……抵抗権は、歴史的生成過程から見ても、圧政に対する人間の貴重な努力の目標とされるもので、いわば自然法上の領域に属する」

「被告人らは、いずれも旧コザ市、読谷村という嘉手納基地の周辺に居住していて、米軍基地とのかかわりあいを有し、米軍基地の影響を受けているような事情も見受けられること、沖縄住民を被害者とする米軍の交通事故の取り扱いについて、事故処理に当たっていたM・Pに多少なりとも公正さを疑わしめるような態度が見受けられ、前記における糸満町における無罪判決もあって、これが被告人らを含む群衆の感情を刺激し、その結果いわゆる群集心理が作用して事件にまで発展した経緯等に鑑みるとき、被告人らが判示犯行に至った心情は理解するに難くない」

しかし「緊急事態」が起きていたわけではないので、抵抗権の法理に照らして無罪とはできないとした。当時の那覇の裁判所には率直に語る裁判官の温かな人情があった。

第5章　沖縄復帰は何を残したか

1　沖縄の本土復帰の戦い

(1)　奄美大島の本土復帰運動

復帰の先駆けとなったのは、奄美大島であった。米軍占領下に置かれた奄美大島は、本土との交通・交易が遮断され、米や味噌、醤油などの食料や生活必需品が手に入らなくなった。黒糖や大島紬を本土に売って収入を得ることもできなくなり、農民は飢餓状態となった。一九四六年奄美人民解放連盟が結成され、反米軍政の合言葉のもと「インドのガンジーに学ぼう」と抵抗運動が起きた。しかし四七年には「言論と結社の自由を認めず」との米軍の命令を受けて連盟は壊滅状態となった。代わって運動を担ったのは青年団である。奄美大島復帰協議会の会長に就任したのは「奄美のガンジー」といわれた詩人泉芳朗《いずみほうろう》であった。まず協議会が取り組んだのは、署名運動で、中学生や小学生も含めて一四歳以上の島民の九九・八%に及んだ。署名は国会を動かし「祖国復帰に一層の努力を政府に求める決議」が採択された。

一九五二年講和条約発効の日は「奄美大島痛恨の日」となったが、復帰協議会は、一、二万人規模の全島集会を何度も開き、デモ行進をし、政府へ嘆願書を提出。高千穂神社において一二〇時間の断食祈願に入った。奄美群島でも断食に参加する者が出て、小学生までもが加わった。祖国腹心、どんな貧乏をしても人間の尊厳は手放さない非暴力の抵抗は、日本に民主主義をもたらすと自負しているアメリカの予想を超えた民主主義的反抗であった。五三年一二月二五日、奄美群島は日本に復帰した。奄美群島の本土復帰を可能にしたのは、奄美には米軍基地がなかったことにあるが、奄美の非暴力抵抗が米側の想像を超える激しさだったからだといわれている。

しかし沖縄では奄美の返還後「復帰運動は国際共産主義運動を利する者」という米軍政府の露骨な反共政策が強化されて、復帰運動への弾圧が強まっていった。人民党の瀬長亀次郎《せながかめじろう》や又吉一郎が投獄されたのもこのころで、米兵の凶悪犯罪も頻発した。

奄美の本土復帰により国境線は北緯二九度から北緯二七度へ移動し、琉球弧は奄美群島と沖縄諸島との間で分断された。国境線上では、沖縄の本土復帰まで二二年、本土復帰を求めて双方からの民衆の船団による海上の交流と往還が続く。引き裂かれた空間を超えて、琉球弧の精神と文化は呼び合い、つながっていった。

(2) 沖縄の本土復帰運動

一九五六年六月九日、沖縄の基地は・i 制約なき核基地として、ii アジア各地の地域的紛争に対処する米戦略の拠点として、iii フィリピンや日本の親米政権が倒れたときの拠り所として重要であるとした「プライス勧告」（行政府、立法院、市町村会、軍用地主団体の四者協議会訪米団の要請に基づいて出された米下院軍事委員会報告書、M・プライス委員長）の骨子が伝えられてから、沖縄では民衆運動の巨大なうねりが始まった。市町村住民大会が開かれて、島ぐるみの「沖縄県祖国復帰協議会」が結成された。六五年二月、アメリカはベトナムの内戦に介入、沖縄はベトナム戦争の前線基地となった。沖縄の大衆運動も大きく発展し、日本本土への復帰は「平和憲法下への復帰」として、七〇年の安保条約改定に向けて現実化した。六八年一一月嘉手納基地のB29撤去闘争、六九年一一月佐藤首相とニクソン大統領と沖縄返還合意の成立、六九年一二月大量解雇に対する米軍基地労働者（全軍労）のストライキが起きた。日米同盟の再編成が沖縄返還交渉の名のもとに進んだ。

一九七一年第六五回通常国会が一月二二日に再開された。四月一四日沖縄全軍労が第三波四八時間ストを打ち、五月一五日衆参議院において愛知揆一外務大臣の沖縄返還交渉の報告がなされた。五月一九日沖縄全軍労、自治労、五四単組の二三四時間スト。社会党の沖縄復帰対策基本要綱「日本国憲法下への復帰を目指して」は次のように六項目の要求を掲げた。

一、一切の核兵器、毒ガスを撤去する。

二、アメリカ軍の沖縄からの自由出撃は許さない。基地の全面撤去を目指し、復帰の時点において、基地の密度と機能を本土並みに縮小・削減する。直接・間接を問わず、沖縄からの米軍の一切の戦闘作戦行動は許さない。自衛隊の沖縄派遣は認めない。

三、攻撃用兵器を撤去し、特殊部隊を撤去させる。
四、沖縄県民の諸権利をまもる。沖縄県民の対米請求権は放棄しない。アメリカ政府資産は無償で県民に譲渡させる。県民の自治権はもとより、民主的権利と制度をまもる。裁判の効力については日本国憲法に沿って再審理の道を開く。軍用地は返還し、復元補償など県民の損害は完全に補償する。
五、沖縄経済の発展と県民の生活向上を図る（略）。
六、形式の如何を問わず秘密の取り決めはしない。

五月二八日党首会談ののち、政府は沖縄返還協定の方針を決め、日米間の交渉を経て、六月一七日沖縄返還協定は締結された。締結された協定は九項目、おおよそ次の通りであった。

ⅰ「琉球諸島及び大東島諸島」（沖縄）に対するサンフランシスコ講和条約によって認められたアメリカの権利及び利益を放棄する。
ⅱ 沖縄には日米安保条約と関連法令を適用する。
ⅲ アメリカに対し沖縄の施設及び区域の使用を許可する。
ⅳ アメリカ軍に対する請求権は放棄する。
ⅴ アメリカは返還した土地の原状回復のための自発的支払いを行う。

vi　返還協定以前の裁判は有効とする、民事及び刑事の裁判権は日本が引き継ぐ。
vii　日本は電力、水道、金融の公社の権利を引き継ぐ。
viii　日本政府は五年間の米軍駐留費用を分担する。

核も毒ガスも基地もない平和の島として復帰したいという沖縄と本土の民衆の要求とはおよそかけ離れたものであった。

沖縄返還協定の批准と関連法案を審議する第六八回通常国会は、一九七一年九月に開かれた。野党は沖縄協定の再交渉を政府に要求、一〇月二一日国際反戦デーには社会党、共産党、総評、共産党系労組、中立労連、科学者会議、平和委員会による「沖縄無条件返還要求」で一日共闘が実現して、本土の運動は激化した。一一月一〇日からの国会審議に並行して、沖縄中央闘争本部も上京、沖縄現地では労働組合を中心に一一・一〇ゼネスト、一一・一六決起集会がもたれた。一一月一七日琉球政府屋《や》良朝苗《らちょうびょう》主席が一三二頁に及ぶ「復帰措置に関する建議書」を携えて上京したが、自民党は屋良主席が羽田空港に到着すると同時刻に抜き打ちで委員会の採決を強行した。

国会は空転し、連日、本土と沖縄では各地で抗議デモが起き、国会を取り巻く請願行動が続いたが、二四日社・共議員欠席のなか衆議院本会議で採決、一二月二二日参議院で批准、関連法案は一二月二九日採決された。翌年三月自衛隊が沖縄に装備を搬入した。

(3) 沖縄返還はなんであったのか

沖縄返還は、日本側としては「非核三原則」に対応して、核抜き返還が目標であったが、アメリカ側が目指すものは、在日米軍基地の最大限の自由使用と経費の日本側への転換であった。一九七二年五月一五日沖縄は日本本土に復帰した。しかし米軍の思惑通り日本全土の米軍基地の利用自由化と駐留経費の分担は「思いやり予算」として拡大された。核の持ち込みをめぐる「密約」が隠蔽されたまま、基地の現存維持と自衛隊の配備のもと日米安保体制はより強化された。日本側の統治にからめとられることを危惧する意見もあるなか、沖縄の米軍基地をめぐる状況は復帰前とほとんど変わることはなかった。

松田武著『自発的隷従の日米関係史』（岩波書店、二〇二二）によれば、沖縄返還協定の締結を機に米軍は本土と沖縄の米軍基地を「より自由にかつ柔軟に利用することが可能となった」と述べている。

2 沖縄と日本の連帯の在り方――「主体性」をめぐって

一九六三年木下順二の戯曲「沖縄」三幕五場が上演された。戯曲は、一幕は切り裂くようなジェット機の音が響くなかで、郷里沖縄に帰った二人の学生がアメリカ支配を語り合う海の場面から始まる。洞窟の中で座る一人の女は、秀という。彼女は多くの日本兵やアメリカ兵の男に犯されて、沖縄戦を生き延び、いまは島最高のノロとなった。沖縄戦で捕虜になったヤマトンチューの日本兵山野との語りのなかで沖縄戦の悲惨の音――グジグジグジグジという蛆虫、死体から飛び立つ銀蠅、死体を踏むブクリブクリ、削岩機のボロボロボロボロ、砲声――が言葉になる。幻想と現実、過去と現代が交錯して進む。スパイの疑いをかけた沖縄人を殺し、再び沖縄を資本の食い物にしようとする元日本兵に対して「どうしても取返しのつかぬことを取り戻すために」秀は鉈で山野が岩場にぶら下がっていた命綱を斬る。沖縄の自由民権家の謝花昇を理想像とする学生は「綱を斬ったのはあなたではない、沖縄の島の、みんな」だ、と叫ぶ。

木下順二は「沖縄」を書くために、一度も沖縄に行ったことがない、という。資料を徹底的に調べて「私がその世界に現実にいると思えるまで実感を手掛かりにした」、そして「沖縄復帰」は沖縄と本土双方の「人間回復」の営みが必要である、沖縄の側から言えば、本当に復帰したい本土で本土がなければならず、本土からすれば差別感や好奇心の対象であるような沖縄であっては困る、という。沖縄の作家大城立裕は、木下順二の戯曲は「もっぱら歴史の真実を踏まえて未来の当為をアピールすることに的を絞っている」と評して、「いろいろ書かれた本土の作品のうち、この作品だけが私を納得させた」と評した。

この戯曲の上演に対して、丸山真男は「点の軌跡――『沖縄』観劇所感」（『丸山真男集　第九巻』、岩波書店、二〇〇三）という長い劇評を寄せていて、「僕が一番感銘したのは秀（山本安英）が山野（桑山正一）の綱を切るということです。綱を切らなければ日本の過去を沖縄が背負ったままでは沖縄の独立もないし、祖国復帰もない。つまり双方の自己否定を契機としない限り双方の結合はあり得ない」「戯曲沖縄は、近代日本と沖縄の連帯という問題を提出している――国内における連帯の問題になる

――沖縄に対して差別していることは、日本人同士が差別していることである」と言って、政治的次元の奥にある「精神的自立」を問題視したとして高く評価している。「本土は沖縄が復帰するに値する本土たりうるのか」という鋭い問いは、いまも新鮮な問題提起である。

大江健三郎は、『沖縄ノート』において、伊江島の農民で沖縄復帰運動の実践家の友人古舘宗淳の「現実には憲法に守られぬ沖縄に、そこへ切りはなされ放置された同邦へ連帯の手を差しのべることを拒むことによってのみ憲法の体裁をいちおうととのえつづけることに成功しているかに見える本土から、あえて憲法文書を送り続ける暗く孤独で絶望的な怒り」を確認して、「恥」とともにそれを認めつつ、「核基地の沖縄の民衆を見つめよ」「それを恥とともに共有すべく努めよう」と呼びかける。大江は一九六五年初めて沖縄を訪れたのだが、以来第三の琉球処分として沖縄返還に関する本土の態度を告発している。沖縄のストに座しつつ、ストの矛先は、半ば以上「日本人よ」と問いかけているのだ、と受け止める。聞く耳を持たないことは犯罪なのである。

復帰後二年経って沖縄を訪れた色川大吉は「私たちは沖縄人に特別負債を負っている」として、本土決戦を免れ、戦争基地を提供させ、本土が平和に経済成長したことを忘れてはならない、という。自由民権家植木枝盛の挫折した夢を想起し、沖縄の民衆史の思想(民衆の抵抗)の普遍性について語っている。

3 参議院時代の沖縄——言葉を失う

私の沖縄への直接のかかわりは一九九二年七月、参議院議員になってからのことである。

(1) 沖縄フォーラムに参加

一九九四年四月二日、「沖縄フォーラム未来に向かって国際女性ネットワーキング——戦争、環境、女性」に友人の綿貫礼子（環境活動家）とともに参加した。基地における環境問題として、金武《きん》町の県道一〇四号線越えの実弾射撃場を視察し、はげ山になった山肌や、米軍による土壌の汚染や赤土の海への流出を知った。米軍には被害の原状回復義務がない。砲弾の飛び交う山中への住民の座り込みの捨て身の抵抗も知り、厳しい基地の実態を知るきっかけとなった。

(2) 米軍による少女暴行事件

一九九五年九月四日、米軍人三人による国頭村《くにがみそん》の小学校三年生の少女暴行事件が起きた。一〇月二一日、宜野湾市海浜公園において「米軍人による少女暴行事件を糾弾し日米地位協定の見直しを要求する県民総決起大会」に日本社会党代表団の一員として参加した。県民大会は、沖縄全土から八万五〇〇〇人の怒りの渦の結集となり、基地の縮小と地位協定の見直しとを、戦後五〇年にして日米両政府へ抗議する復帰後最大の集会となった。

大田知事は「行政の責任者として少女を守れなかったことをお詫びする」と述べ、高校生代表仲村清子さんは、制服姿でしっかり顔を上げ透き通った声で「私たち若者に新しい沖縄をスタートさせて欲しい。軍隊のない、悲劇のない、平和な島を返してください」と呼びかけた。

一九五六年七月の米軍への島ぐるみ闘争、二七年間の復帰闘争に次ぐ県民総決起集会は、無念の心に満ち満ちていた。大会アピール「世界に届け沖縄の心」では、軍用機墜落事故などの恐怖の報酬、安眠することさえ許されない爆音公害、実弾演習等による自然破壊、復帰後もなお四七〇〇件にのぼる基地犯罪による日常生活への侵害の根源は、米軍基地であり、沖縄は人間の尊厳と武器なき平和を希求すると訴えていた。抗議決議では、「米軍の綱紀粛正」「被害者に対する謝罪と補償」「日米地位協定の見直し」「基地の整理・縮小の促進」を求めた。

先立つこと大田知事は、新たな土地強制収用のために必要な知事の代理署名を拒否していた。軍用地の強制使用問題は、沖縄の基地問題の根幹をなすものである。村山総理は、一〇月一八日参議院予算委員会において、「日米地位協定の見直しも含めて考え、合意点を見つけていきたい」と答弁したが、「地位協定をいじると、日米安保条約の見直し、日米安保体制見直し論に発展し収拾がつかなくなる」という外務省の強い懸念があった。一〇月二〇日には、与党外務・防衛合同調整会議が開かれたが、日米地位協定の見直しについては、自民党はあくまで「協定の運用の改善をはかる」という立場を表明、社会党に対して「日米安保条約の重要性」を確認するよう執拗に求めて、沖縄の痛みを受け止めて「日米地位協定見直し」を要求し続ける社会党の姿勢を牽制した。私は外務調整会議の委員であった。
一九九五年一〇月二三日、東京池袋のエポック10において「沖縄・米兵による強かん事件に抗議する女たちの集会」が開かれた。一九九五年国際女性北京会議（九月四日から一五日）では、「女性に対する暴力は犯罪である」との決議が採択されていて、北京会議から帰ってきたばかりのNGOの女性たちの反応は早く、「軍隊と基地の構造が女性に対する暴力を生む」「沖縄の女性たちを犠牲にして栄えてきた本土という差別に深く謝罪する。私たちは感性が鈍っていた」「差別こそ戦争の根源である」「女性に対する暴力を抜きにしての共生はない」「北京会議への大きな挑戦と受け止めたい」と意見が出て、九六年一月政府への申し入れを行った。

i 日米両国政府は、米兵に暴行された少女のプライバシーに配慮しつつ、謝罪と補償を行うこと
ii 沖縄住民の平和的生存権を守るため、日米地位協定の早期見直しをすること
iii 日本における米軍の基地の縮小と駐留米軍の削減に向けて、具体的なアクション・プログラムを早急に策定すること

(3) 日・米政府と沖縄県の三者協議の挫折

一〇月三〇日、与党三党は、伊藤茂社会党衆議院議員を団長とする沖縄合同調査団を現地に派遣、一一月四日村山首相と大田知事の会談が実現した。政府と沖縄県とのあいだに協議機関を設置するこ

とを確認した。基地縮小を実現するためアメリカ政府と日本政府と沖縄県の三者協議機関で話し合うとの提案をし、激しい議論が巻き起こった。同日与党外務・防衛合同調整会議では、大田知事の要請する「日米地位協定改定のための一〇項目」を議論し、自民党もやむなく政府への提言をまとめることになった。しかし三者協議機関設置の悲願は、その結論を得ないまま、一九九六年一月村山総理の突然の辞任で挫折してしまった。

その後社会党が解党して、民主党と社会民主党に分裂し、社会民主党は、橋本政権下閣外協力に転じた。一九九六年一二月ＳＡＣＯ（沖縄に関する特別行動委員会）は、普天間飛行場、北部訓練場の過半、楚辺《そべ》通信所他の返還と高江のヘリコプター着陸帯の移設等についてＳＣＣ（日米安全保障協議委員会）に対し勧告、その実施が約束された。

(4)「もっと沖縄に愛情を持て」

一九九七年三月米軍用地特別措置法の改正問題が起きた。沖縄では、同年五月、米軍基地にある土地を政府が使用する権限が切れることになっていた。「沖縄をこれ以上生贄にするのはよしてください」という声が沖縄から上がっていた。三党合意は玉虫色となり、衆議院で九割、参議院で八割の議員が賛成して特措法改正案は国会を通過した。野中広務委員長は一九九七年四月一〇日の衆議院本会議の委員長報告で、法案は沖縄の痛みを考えて、もっと緊張感をもって審議されるべきであったとして「この法律がこれからの沖縄県民の上を軍靴で踏みにじるような結果にならないようなことを」と警告した。野中元衆議院議員逝去の半年前であったか、彼を囲んで自社さ政権時代の友人たちと夕食を共にした。政界引退後自民党を離党、復党したというので「なぜ復党されたのですか」と尋ねたところ、「安倍首相にもっと沖縄に愛情を持てと言うためじゃ。このままでは沖縄に多くの犠牲を押し付けることになる」と答えがあった。

二〇〇二年一月二五日から二七日の三日間、社民党は中西碩介副党首を団長に、一一〇人の党員が「雇用・観光・基地問題調査団」を沖縄へ派遣した。私はキャンプ・シュワブ基地のアメリカ村の調査に参加して、金網の内と外の格差に愕然とした。アメリカ村の上空では米軍の訓練飛行がない。差別でないか、と怒りを覚えた。読谷村の山内徳信村長に会い、非暴力の基地闘争について話を聞いた。その後私は決算委員会で、「思いやり予算」の不条理と廃止への道筋について質問したが、政府側の「日米同盟の重要性」の繰り返しの答弁に歯が立たず、見直しの提案は不発に終わった。

(5) 議員として感じた無力感と沖縄との再会

私は、沖縄で開催される集会や選挙のたびに何度も沖縄を訪ねた。那覇の海上ヘリポート反対でスタンディングした。チビチリガマの金城実さんの彫刻が壊されたといえば駆けつけた。楚辺通信所（象の檻）に島民の立ち入りがあるといえば応援に入った。集会のあるたびに戦跡をめぐり、嘉手納基地の「安保の丘」に立ち、摩文仁《まぶに》の丘にも足を運んでいた。高里鈴代さんらとキャンプ・シュワブ基地周辺の風俗店への潜入調査もした。できる限り自分では「寄り添う」思いであった。しかしどこかで「他人ごと」であったのだろうか。政策としてただ「言葉」で言っても何も国会において実現できないことに気付き、後ろめたさというか無力感に支配されていた。私は選挙演説でも、辺野古の海に向かって「ジュゴンを守れ、ともに頑張りましょう」としか言えなくなり、立ち往生した。議会では「日米地位協定の改定」は、「運用の見直し」に終始して、政府はアメリカに対して背筋を伸ばして本格的交渉に取り組む姿勢を見せることがない。なにができたのか、しなかったのか、私は藁をもすがる思いで訴える沖縄の心にどう向きあえばよかったのだろう。いつだったか、あれほどまでに国会で存在感をもって沖縄のために活動されていた上原康助元衆議院議員が「私の活動は、顧みて蟷螂の斧であった」とテレビで語られていた言葉に深い衝撃を受けた。大田昌秀元知事の「何もできなかったなあ」という参議院議員引退の時の深い嘆息も聞いた。照屋寛徳衆議院議員の訃報のとき「日米地位協定の見直しができなかったことは残念だ」と述べておられたと、新聞紙上で読んだ。

なぜなのか。歴代首相や政治家は、辺野古新基地建設の方針は変わらないと冷たく言い放ちながら、その一方で基地の縮小や産業政策でもって「沖縄に寄り添う」という言葉を使う。政治家の「寄り添う」という言葉は、耳に心地よく響くが、裏返すと「政治責任」を免罪するかのような役割を持たないのか。自戒を込めて言えば、政治家は安易にこの言葉を使ってはならない、しばしば「何もしない、できない」という弁解と欺瞞の言葉になりかねない、と思う。どこまで沖縄県民の心を汲み、痛みを痛みとしているのか、どのような沖縄の民意を汲んだ政策の実現に努力したかを問う必要がある。
十数年が経ち、沖縄東村高江へリパッド米軍基地建設の警備を目的として、愛知県機動隊が派遣され、その公金支出を違法とする住民監査請求の代理人の依頼を受けたとき、私は沖縄と再会した。

4 沖縄の心を求めて「沖縄の怒りではない、私の怒り」

(1) 沖縄の現場に立つ

この俳句は、二〇一七年初頭中日新聞に掲載された「平和の俳句」である。同年二月二一日、沖縄に派遣された愛知県機動隊への公金支出を違法とする監査請求の第一回住民集会の時から、請求人らの「合言葉」になった。沖縄高江へ派遣された愛知県機動隊（愛知県）に公金（税金）を支払うことは私たちが、私が、「加害者になること」であった。

二〇一八年四月監査請求が却下されて、訴訟に移った。原告団は一九三名。代理人弁護士二〇名（実働代理人一一名）。事件に取り組むとき、私自身はこれまでの「沖縄」への向き合い方を根底から問い直した。なぜ沖縄の現地の人たちは、あれほどまでに持続する抵抗の強い心を持てるのか、沖縄の心とは何か。沖縄戦の体験は私の「空襲と飢餓」の戦争経験をはるかに超える異次元の体験であることがわかってきた。弁護団は沖縄高江へ二回現地調査に行き、一六年七月二二日の高江の住民と派遣された機動隊の攻防の現地に立ち、集落とヘリパッド基地のあまりにも近接した位置関係を検証し、ヘリパッドから飛び立つオスプレイの爆音を体に刻んだ。若い弁護士たちはやんばるの森の奥まで足を延ばしてヘリパッド基地が環境をどのように破壊したのか、将来どのような危険があるのかを調査した。多くの沖縄の基地反対の活動家と話をした。辺野古の基地建設反対を掲げてテント前に座り込む人たちの前で、名古屋訴訟の弁護団長として挨拶をするとき、私は沖縄出身の原告団長に聞いた。「発言するとき何か気を付けることはありますか?」彼女は「島袋文子おばあたちにリスペクトを」と答えた。島袋文子おばあは、私と同年で、沖縄戦のとき自らアメリカ兵の火炎放射器の炎を浴び、死者の血が混じった泥水を飲んで生き永らえ、以来いつも座り込みに参加している。杖を突きつつ、また車いすになっても座り込んでいる。私は辺野古の旧テントを訪ねた際当時五〇代の彼女からお茶をふるまわれたことがあった。沖縄高江の座り込みをしていた彼女は機動隊のごぼう抜きにあった。法廷で当日のビデオを上映したとき、彼女は車いすに座ったまま、機動隊員の手を払いのけようとしたのか、自分の体をかばおうとしたのか頭の上に少しばかり腕を上げた。その攻防を見て、相手方弁護士が「彼女は暴力をふるっているではありませんか」と問いただした。反対尋問で原告側の弁護士が「彼女は車椅子に乗っているのではありませんか?八〇歳を超えている島袋文子さんではありませんか!」と非暴力抵抗をただしたこともある。彼女はいつも気迫ある姿で座り込みを続けている。事件の日、彼女は右手小指に怪我をして、救急車で運ばれて五針縫った。生きることが抵抗であり、抵抗が生きることである女性である。

⑵ 沖縄の「抵抗の魂」

いつの号であったか生活クラブの機関誌『生活と自治』で、作家辺見庸《へんみよう》が「新・反時代のパンセ――不服従の理由」というエッセイのなかで、沖縄を訪ねて親しい作家の目取真俊《めどるましゅん》に出あい、彼が辺野古の海でカヌーを漕ぎ続けていて「手の指紋がなくなるまで」基地反対の抵抗を続けていること、そして「かれの手を握ったら海の匂いがした」と書いていた。私は目取真俊の小説は、芥川賞を受賞した『水滴』(文藝春秋、一九九七)のほか『風音』『魂込め』『虹の島』『希望』などを読んでいた。「水滴」は、沖縄戦で水を飲みたいと訴えた戦友たちが、破れた軍服をまとい、夜ごとに「冬瓜のように膨れた」主人公の右足の親指から滴る水を吸いに来て、黙って礼をして壁の中に消えてゆくという物語である。個人的な戦争のトラウマが「形式化された戦争体験の記録」から再生する。彼は高江の座り込みで大阪府から派遣された若い機動隊員から「土人」と呼ばれて、ごぼう抜きされ、放り出されたとき思いっきり腹を蹴られた。現場にいた山城博治は「大阪府警の若い機動隊員は目をギラギラさせて、座り込む住民に対して尋常な敵意ではなかった」と言う。必然は偶然の像をとって現れるというが、沖縄に対する差別が根深い「社会全体の病理」であることを表している事件である。

沖縄タイムスの記者阿部岳著『国家の暴力――現場記者が見た高江一六五日の真実』(朝日新聞社、二〇二〇)の「エピローグ」で、阿部が目取真俊に、「なぜ海にかくも毎日漕ぎ出すのか」と聞くくだりがあって、彼が「ペシミストの勇気」だと答えたと読んだ。その時私は根底から沖縄の「戦いの魂」を理解した、と思う。

「ペシミストの勇気について」とは、兵士として中国に赴き、シベリアに抑留された詩人石原吉郎の稀有な散文である。石原は収容所で出会った友人鹿野武一を「明確なペシミスト」と定義する。石原のいう「ペシミスト」は、単なる悲観主義者のことではなく、「もっとも過酷で劣悪な環境にあっても、他人を押しのけてまで自らの命を維持しない人間のことである。どんなことをしてでも生きながらえようとする人間の自然の衝動を、きっぱり自覚的に断念したもののことである」。例えば酷寒の作業現場への行き帰り、囚人は必ず五列に隊伍を組まされ、その前後と左右に自動小銃を水平に構えた若いロシア人の警備兵がついて行進する。行進中、もし一歩でも隊伍を離れたりする囚人があれば、逃亡とみなしてその場で射殺される。そしてしばしば行進中によろめいただけで囚人たちは射殺された。犠牲者は当然のことながら、右と左の列から出た。したがって整列のさい、囚人たちは争って中間三列に割り込み、横にいるものを外側の列へ押し出して、身を守ろうとした。少しでも弱い者を死に近い位置へ押しやるのである。実際に見た者の話によると、鹿野武一は、どんな場合にも進んで外側の列に並んだという。明確なペシミストであることには勇気が要るというのは、このような態度を指している、と石原は書いている。

私は、石原吉郎の『望郷と海』（筑摩書房、一九九〇）に収録された「ペシミストの勇気について」を読み返して考えた。沖縄はアメリカの軍事植民地として、日本本土の無意識の差別という「極限の地」に置かれていること、不条理と暴力が支配する辺野古の海で基地反対の抵抗をする人たちは、「ペシミストの勇気」をもって生きているのではないか。淡々と、黙々と、持続する「単独者の勇気」がそこにある。

私は、不気味な低周音を響かせて飛び立つオスプレイの真下で、高江の完成したヘリパッド基地の前にテントを張りながらなお、「基地の全面撤去！」を求め続ける住民の不屈の決意の言葉に心打たれた。高江の基地のゲート前には、「平和的生存権を守ろう」というのぼりが森の風にはためいていた。

5 逆転勝訴なる、「抵抗は友を呼ぶ」

(1) 二〇一六年愛知県警機動隊への公金支出の違法性を問う住民訴訟第一審の敗訴

第一審の裁判の主な論点は、i 本件派遣決定が本件更新支出の違法な理由となるか、ii 本件派遣決定の手続きに違法はあるか、iii 本件派遣決定に実態的違法はあるか、iv 本件派遣をした愛知県警察本部長に故意または過失があったか、であった。

弁護団は米軍基地そのものを違法として、日米安保条約の違憲性と最高裁判例の「統治行為論」（明白かつ緊急な違法性を除き、紛争を高度な政治問題として裁判では判断しない）批判を展開、海兵隊の抑止力批判、高江の村民の平和かつ平穏な生活の侵害とやんばるの森の環境破壊、オスプレイの危険性を訴えた。住民の非暴力抵抗は「表現の自由の正当な権利行使として違法性を阻却」し、平和的生存権を回復する抵抗権行使であると主張した。

手続違反に関して原告側から被告県に対して公安委員会の審議録の開示を求めたところ、提訴してから半年余りののちはじめて、「愛知県公安委員会事務専決規程」が開示され、公安委員会の審議を経ることなく、派遣は公安委員会の名で警察本部長の専決でなされた事実が明らかになった。派遣した他県の手続きを調査したところ、公安委員会の審議または持ち回りで関与があったのに、愛知県だけ専決されていたことが判明した。警察は事後に公安委員会に報告したが、異議を言う公安委員会の委員はいなかったと釈明した。証拠調べでは、原告側から高江現地の証人四名、愛知県県会議員一名、現地の攻防とやんばるの森のビデオを上映、被告側から県警警備課長一名が採用された。東京訴訟で採用された証人尋問調書もすべて提出した。

しかし原審判決は予想を超えた厳しいものであった。派遣手続きについては専決規程の運用上の違反は認めたものの、事後報告で「瑕疵《かし》は治癒された」というものであった。住民の非暴力抵抗は、道路交通法違反と威力業務妨害罪の犯罪にあたると認定し、原告側の平和的生存権と抵抗権の法的主張は「抽象的権利に過ぎない」と全面的に否定された。

(2) 控訴審における裁判闘争

弁護団と原告らは、二〇二〇年三月三〇日名古屋高等裁判所に控訴し争点を「警察法の魂ともいうべき公安委員会の審議の形骸化を合法としたこと」、「高江の住民の非暴力抵抗が表現の自由の正当な行使として認められなかったこと」の二つに絞った。係属部の裁判長の退官も二二年一〇月一二日と迫っていた。一年半、短期決戦で挑戦しようと決めた。弁護団全員が力を合わせた。

二〇二一年一〇月七日、名古屋高等裁判所（民事一部 倉田慎也裁判長）は、愛知県公安委員会の審議を経ることなく愛知県警察本部長が「事務専決規程」により沖縄高江へ機動隊を派遣したのは違法と判決し、県側に一一〇万円の賠償を命じた。住民側の逆転勝訴であった。

i 派遣の手続き的違法性の判断

自治体警察における公安委員会の民主的統制は「警察法」の魂である。旧憲法では、警察は、内務大臣の指揮監督のもと「国家警察」として犯罪を、治安の名のもとに市民活動や思想までを取り締まり、時の政権がほしいままに警察権力を行使してきた。その弊害を是正するために、戦後、警察は、抜本的解体と改革の対象となり、所管事務の縮小、警察事務の地方への分権、公安委員会による民主的統制管理による「自治体警察」へ生まれ変わった。一九四七年「旧警察法」五四条は「市町村警察は、国家地方警察の運営管理又は行政管理に服することはない」と規定したうえで「相互の協力義務」を認めている。一九五四年「警察法」の改正によって、警察事務は都道府県に一元化され、自治体行政から独立した「公安委員会」が警察を管理統制し、政府または知事による政治的介入をチェックする仕組みができた。「警察法」の第二条二項は、「警察の活動は、厳格に前項の責務（住民の個人の生命、身体および財産の保護）の範囲に限られるものであって、その責務の遂行に当たっては、不偏不党かつ公平中立を旨とし、いやしくも日本国憲法の保障する個人の権利及び自由の干渉にわたる等その権限を濫用することがあってはならない」と規定している。国家公安委員会のもとには警察庁があり、都道府県警察は、都道府県公安委員会によって統制管理される。また都道府県警察は、相互に協力する義務を負い、公安委員会の援助要請のもと、県外へ派遣される。

今回の都道府県からの沖縄高江の米軍基地警備のための警察派遣に関しては、「警察庁」が事前に「派遣態勢に誤りなきを期されたい」と各都道府県公安委員会宛てに「通知」を出していて、あくまで「調整」のためと説明しているが、国家警察化の危険を示唆するものである。

また機動隊を派遣した他の都府県では、いずれも公安委員会の審議を経ており、少なくとも公安委員の持ち回り決議を経ていた。弁護団は、公安委員会の立法当時からの文献、立法資料、通達までを国会図書館と愛知県図書館で精査して、専決規程に授権できる警察の権限の範囲と限界について分析して、警察業務の基本的・本質的部分は「事務専決規程」に授権又は委任できないと主張し、公安委員会の審議こそ「地方自治」の真髄だと訴えた。そして、白藤博行専修大学教授の「警察法の本質とは何か」を問う鑑定意見書と、行政法学者稲葉一将名古屋大学教授の「事後の決議の治癒はありえない」という鑑定書を提出した。

「専決規程の但書」には「異例または重要な」事案は公安委員会の議を経なければならないとあった。高等裁判所は「政治的な中立性に対して疑念を投げかけられかねないものや、個人の権利及び自由の干渉の有無について批判を受ける恐れがあるものについては「異例または重要な」ものにあたると解するのが相当である」と判示して、沖縄高江のヘリパッド移設工事の問題が「政治的・社会的に大きな対立を生んでいて、抗議活動に関して新聞も取り上げていること、派遣された機動隊の警備が社会的に大きい反響を呼ぶことが予想されていた」「機動隊の派遣規模や長期の期間が前例を見ない」ことから専決処分の運用を違法とした。しかし派遣命令は、沖縄県公安委員会の派遣要請によることで、沖縄県の派遣命令には過失があるもの、愛知県警察本部長へは具体的に権限行使の内容は知らされていないので、その派遣命令には違法性がない、と判示した。また公安委員会への事後の報告は「実質的審議に当たらず、追認とは評価できない」として、原審のいう「瑕疵の治癒」は認めなかった。

ii 現地における警察活動の濫用と違法性

私たちはこの訴訟を「愛知の地において沖縄高江の現地を問う」ことを重要な課題としていた。境界を越えて沖縄とどう向き合うべきか。裁判官に対して沖縄を遠い地の物語のように語ってはならないと戒めた。

派遣された機動隊の権限濫用を突くには、高江の抵抗は、伝統的な沖縄の非暴力の市民的抵抗であり、抵抗の正当性と必然性、その普遍性を裁判官に理解してもらうことが必要であると考えた。それには沖縄が置かれてきた琉球併合以来の「構造的差別」、沖縄戦の悲惨と慟哭、二七年間の米軍の占領下の不条理な土地の接収と人権侵害、抵抗を謀反とみる不正義を語ることが必要であった。そして、未来の子どもや孫たちのために故郷を守るために、「命どぅ宝」を心柱とした人間の尊厳を護る沖縄の心を私の心として訴えようとした。沖縄の人たちは、他県から派遣された機動隊は、沖縄県警の機動隊のこれまでのやり方と違っていた、という。高江ヘリパッド基地建設における機動隊の取り締まりは、これまで沖縄県民が経験したことのなかった「暴力の嵐」といわれた。小口幸人弁護士の証人尋問調書（東京地方裁判所平成二八年（行ウ）第五八四号事件、平成三一年三月二〇日第一二回口頭弁論）と沖縄平和運動センター元代表山城博治「陳述書」（本件控訴審提出）により、沖縄高江の二〇一五年七月二二日の現場の住民の非暴力抵抗と機動隊の諸行動を再現する。

「七月二〇日は高江の森を守ろうとする約一八〇〇人が現地で大集会を開き、そのうち約三〇〇人が夜を徹して現地に残り、工事再開を警戒した」

「機動隊の大きなかまぼこ車がいきなりN1ゲートの所にたくさん押し寄せてきたら大変だということがあったので、両サイドの車を少しずつ真ん中に寄せて、速いスピードでは車が通れないぐらいの幅にするという作業を、市民の人達はやるようになりました。……午前三時と四時の間だと思いますが、フジテレビの中継車もN1ゲート前まで来ましたので、車は全然通れる状態であった」

「朝になっても応援が来ないと、なんでだろうという話をしていたところ、歩いてきた弁護士の先生がいらっしゃって、車では通れないんだと、何キロも、俺、歩かされたとおっしゃったので、ああ、なるほど、完全に（県道は）封鎖されているんだということが分かりました」

「うっすら明るくなる頃だったので、五時くらいだと思います。……機動隊の所から軍隊のように一台から二〇人くらいかな、機動隊員がずらずら降りて、真ん中には指揮棒を持った隊長がいて、その部隊が何個も、何個も歩いて迫ってくる感じでした。……ものすごく怖いんです。……完全に車が通れない状態にして……市民の人たちは北側と南側、車のバリケードの最前線の所に固まって……そこで集会をしていました。集会をして歌を歌って鼓舞して、戦うんだ、私たちはあらがうんだと言って決意していた」

「機動隊は、市民の五メートル手前の所で隊長の指揮でとまり横一列に広がりました。隊長が指揮棒を振り上げて、行けーと、突撃というふうにやった瞬間、機動隊員は両サイドに散りました。そこの道路はN1ゲート前とちょっと違って、両脇に側溝があって、側溝には誰も座ってなかったんですけれど、その側溝の所をラグビーの選手のように、一気に駆け抜けて行きました……追いかけていくと、N1ゲート前の車を半円状に囲むようにして、車に誰一人近づかせないために人垣を作っていました」（以上小口証言）

「坂の上から来る機動隊のごぼう抜きには、踏ん張っても坂になっていて力が出ず、次々と引き抜かれました。背中を押されるとボールのようにゴロゴロ坂を転がっていく人もいました。放り投げられるように転がっていった人もいました。座り込んでいた人たちは、路肩の一定の場所に囲い込まれて、炎天下に水の支給もなく、トイレに行くことも困難な状況になりました。驚いたことに機動隊はシャベルのような装置のついた車で、私たちの配置した車を掬い上げ、車の向きをクルリと変えると、レッカー車で次々引っ張って行ってしまいました」

「いつも止めていた街宣車の上では多くの人が座り込んでいたのですが、圧倒的な数を誇る機動隊に排除されて、車から逆さずりにされたり、車から頭から転げ落ちる人も何人もいました。ひとりの女性が自分の体をポールに縛って抵抗していたところ、群がるように排除に向かった機動隊が身体を引っ張ったので、紐が首に閉まって気絶状態になりました。私は、もう抵抗は終わり、これ以上命を危険にさらせない、「抵抗しないから、もうやめてくれ！」と機動隊に向かって叫び、住民には「もういい、もういい、中止！中止！」と叫び、事を収めました。私たちは、戦争に繋がる沖縄に軍事基地を作らせないという大衆運動をしているのであって、革命運動をしているのではありません。暴力からは何も生まれません。あくまで人間の尊厳と命を守る非暴力の抵抗こそ、強大な権力に立ち向かう方法だと信じていました」

「テントは交通妨害になっていませんでした。しかし防衛局の作業員が、周囲を守られた中で、有無を言わせず撤去していきました。全国の支援者から送られた物資や励ましの手紙など、住民の私物なども跡かたなく持ち去られました。私たちの連帯を示す「宝物」がなくなりました」

（以上山城陳述書）

小口幸人弁護士はテント撤去の際、「なんで警察はこれを一緒にやるんだと、逮捕しないのか、やめないのかと言って抗議しました。……機動隊員は何の応答もしないのです。名前も名乗らない、私の目も見ない。理由も述べない……もう事前共謀、完全な実行共同正犯です」と述べている。

山城陳述書によると「七月二三日からはN1ゲートから何十台のトラックが砂利を運び、山道の道路を作ろうと樹を伐採し、太平洋側までつなごうとしていました。私たちはゲート前の抗議集会をしたのですが、二一日の機動隊との攻防戦のトラウマがあって、機動隊の立ち並ぶN1ゲート前に立つのにも恐怖がありました。しかし私たちは行っては抗議、行っては抗議を続けていました。しかし何ともラチがあかないので工事現場に入って抗議しようと、山の中に自分たちで「けものみち」を作り、伐採中の作業員に向かってハンドマイクで抗議しました」

路肩に止めていた車は、沖縄平和運動センターの車両で、山城センター事務局長が二〇一四年まで七年間、日曜日の夜から金曜日の夜まで車中で寝泊まりして、いつ始まるかわからない工事の再開を監視していた。隣には「テント」がはられていて、住民の交流の場となっていた。彼は金曜日の夜一人暮らしの父親のもとに帰って面倒をみて、土曜日に家族のもとに帰って家族とともに過ごし、日曜日の夜にN1ゲート前に戻るという暮らしを繰り返していた。彼は「なぜ私が七年間もの間、座り込みを続けたかと言いますと、私が沖縄県庁に勤務したときの経験から、返還される北部訓練場はアメリカ軍の訓練で踏み荒らされ、基地の跡地は汚染まみれなのですが、ヘリパッド基地が建設される高江のやんばるの森は、唯一沖縄の原生林として手付かずの自然と希少種の動植物の宝庫だったのです。命がけで子供や孫たちのために沖縄の故郷を守りたい、唯一のオアシス、森を守りたいと一途に思ったからです。誰かに頼まれているからやるということではありません」水や薪は山からもらい、「警察官が来ても、特別に注意することなく、時には私の入れたお茶を飲んで帰っていきました。車やテントの撤去を求められたこともありません」と述べている。車を止めていた土地は、県道七〇号線の路側帯で、N1ゲート前のフェンスとのあいだ二・五から三メートルの砂利を敷き詰めた空き地で、交通の妨害にはなっていなかった。

テントは「宿営型表現の自由」として、住民の抵抗のシンボルであり、連帯と交流の場として、憲法上保障されている。裁判所は、二〇二一年一二月一一日防衛局が「ヘリパッドに反対する会」代表らを通行妨害で訴えた仮処分訴訟においても、テントの撤去は認めなかった。

原告（控訴人）らは、口頭弁論のたびに「沖縄とわたし」について意見陳述（準備書面として提出）をした。七月二二日現地にいた原告らは警察からふるわれた暴力やごぼう抜きされて放り出された屈辱感について、沖縄出身の原告は伊江島やコザ騒動について、世界史の教師は高江の基地前に座り込むおじいおばあの沖縄戦における鉄血勤皇隊としての体験について語った。沖縄と連帯して名古屋の地で活動を続けて来た原告らは、現在の沖縄米軍基地の廃棄物や有害物質による被害について、高江を何度も訪れて高江のヘリパット基地による村人たちの騒音被害について、日頃の沖縄への思いを語り続けた。いつも弁護団は原告らの意見陳述に励まされた。

裁判所は「甲九〇号証（東京訴訟における小口幸人弁護士の実況見分の証人尋問調書）と弁論の全趣旨によれば」として、現場の抗議活動に理解を示して、攻防の経過を丁寧に事実認定し、機動隊の権力の濫用に警告を発した。裁判所はN1ゲート前の道路の路側帯に設置された「車両とテントの撤去には法的根拠が見当たらない」とし、県道上の機動隊の検問やビデオ撮影にも「適法な範囲を超えた部分があった」と判示していた。

iii　逆転勝訴判決の反響

沖縄の新聞は勝訴判決を第一面に掲載した。沖縄タイムスの阿部岳記者は、「無法な高江に五年後に法の光が差した」と書き、高江の住民は「犯罪視された抗議活動の名誉が回復した」という。琉球新報は「沖縄訴訟への追い風期待」と書いた。沖縄の弁護士は「元気が出る判決だ」とメールをくれた。テントは撤去されてからN1ゲートの向かい側に場所を変えたが、その後二回深夜に米軍がテントを撤去した。判決後沖縄防衛局は三回分のテントと中にあった資料を返却するから取りに来るようにとテントにそっと張り紙をしていったと聞く。テントを守り続けた女性は「無念が晴れた」という。山城博治さんは、やがて来るかもしれない辺野古のテント撤去には「名古屋高裁判決を読んだか」というプラカードを掲げると述べた。阿部は、米軍占領下で不屈の抵抗を続けた瀬長亀次郎の言葉「弾圧は抵抗を呼び、抵抗は友を呼ぶ」と記事を結んでいる。

iv　損害賠償額と情報開示

支出された公金はいくらであったか。人数と期間、金額について情報開示請求を何度もした。控訴審の裁判官からも「開示するのに何か不都合はあるのですか」と質問されたが、県は「警備事象ごとの関係所属警察力の規模、部隊編成、運用基準等が明らかとなり、テロ等犯罪行為を企図する勢力がこれを実例として、研究分析することで派遣の規模、態勢を見計らった攻撃を決行したり、間隙を突いた対抗措置を課したりすることが可能になり、今後の警備実施に支障を及ぼす恐れがあるので、開示に応ずることはできない」と判で押した答弁を続けた。そのために本給と超過勤務手当は推定値である。時間外手当のみがなぜか具体的数字が偶然にも開示された。不毛な議論が予想されるので付帯控訴はしないと決めた。

v　上告審へ

二〇二一年一〇月二三日、県側より上告がなされて、事件は上告審に移った。県側は「公安委員会事務専決規程」は内部の事務分担の問題であると主張している。しかし弁護団が、派遣していない四八道府県に対して弁護士照会をしたところ、五府県は愛知と同旨の規程を持っていたものの、派遣については、災害救助、捜査共助、明確な小規模派遣に限定している。弁護団の「調査報告書」として最高裁判所に提出した。判決は予断を許さない。

上告審には、同じ案件の東京訴訟と、国庫が負担すべきであったとして沖縄県が支出した警備費の違法性を争う沖縄訴訟が係属したが、東京訴訟は二〇二二（令和四）年一一月一六日上告棄却（住民側敗訴）となった。二〇二二年七月二三日「六周年だよ、全員集合！沖縄への派遣は違法」の東京、名古屋、沖縄をつないだオンライン会議において、関東学院大学足立昌勝名誉教授は、現在の国家公安委員会所掌事務の拡大と生活安定局やサイバー警察局の新設に伴って「国家警察の新たな活動領域の拡大」に警鐘を鳴らし、警察法の不偏不党、公正中立性の確保と権力と一体化した警察活動は許さないという民主警察の根幹を遵守する必要性を訴えて、「形骸化した公安委員会の監視」と公安委員会委員の公選制への改革が必要だと述べた。

第6章　沖縄復帰五〇年、沖縄と本土を結ぶ

1　二つの「沖縄復帰に関する建議書」を読む

二〇二二年五月一五日、沖縄が日本本土に復帰して五〇年を迎える。

沖縄国会といわれた一九七一年一一月一七日、衆議院「沖縄返還協定特別委員会」は、琉球政府屋良朝苗主席が一三二頁に及ぶ「復帰措置に関する建議書」を携えて羽田空港に降り立つ寸前に、「返還協定」を自民党の多数によって抜き打ちで強行採決した。審議されることのなかった「幻の建議書」は、五〇年を経て、いま再び光があてられようとしている。

「建議書」は次のように述べる。

沖縄はいま、「国民的十字架を一身にになって、国の敗戦の悲劇を象徴する姿」から、「国の平和的憲法のもとで基本的人権の保障を願望し」「平和的経済の発展」と「基地公害」からの脱却を求めて「平和の島」として祖国復帰を願望する。しかし現在国会で審議されている「返還協定」は、「沖縄に基地を固定化するもので、県民の意思が十分取り入れられていない」。また沖縄は「沖縄の自衛隊配備」に反対し、核抜き本土並み返還を強く望む。特に沖縄の圧倒的世論は「日米安保条約は沖縄の安全にとって危険だ」としていて、安保条約は沖縄基地を「要石」としていることに警鐘を鳴らした

い。そして復帰の基本原則は、ⅰ地方自治の確立、ⅱ反戦平和の理念を貫くこと、ⅲ基本的人権の確立、ⅳ県民本位の経済開発である。

「基本的要求」は、「返還協定」は平和的憲法のもとで日本国民としての諸権利を完全に回復できる「即時無条件かつ全面的返還」でなければならないとし、ⅰ日本が極東における米国の戦略体制に組み込まれ、本土が沖縄化する懸念がある、ⅱ政府のいう核抜きは、核の永久的な撤去足りうるかの懸念がある、ⅲ主要な基地が返還されず、米軍の特殊部隊の活動が存続される懸念がある、ⅳ国が米国から買い取るべき資産はもともと沖縄県民の所属であるべきものではないかと懸念する、ⅴ沖縄と沖縄の住民の対米請求権が放棄されることが被害の全面的救済を妨げる懸念が強い、と表明している。さらに特記すべきは、自衛隊配備が沖縄基地の強化につながり、沖縄の住民の沖縄基地にまつわる不安を増強させるので、沖縄の一切の軍事基地化に反対する、という「平和のメッセージ」を発している。そして政府の沖縄返還協定関連法案に関して、多方面にわたり詳細な批判をしている。

具体的要求は、「沖縄復帰に伴う対米請求権処理の特別措置に関する暫定法」の立法要請、沖縄振興開発関連法案に対する詳細な要請について述べている。いかに膨大かつ緻密な検討が加えられたかがうかがえるものとなっている。

「建議書」の作成を担当した復帰措置総点検プロジェクトチームは、占領下の過去二六年間の諸問題を総点検し、返還協定と関連国内法を総括して作成した。屋良主席は、記者から返還協定の強行採決のコメントを聞かれ、「青天の霹靂《へきれき》、茫然自失、何を言ってよいかわからず、コメントを断ってホテルの部屋へ逃げ込んだ」と回想している。屋良主席はのちに、「軍事占領支配からの脱却、憲法で保障される日本国民としての諸権利の回復、そして沖縄県民としての自主主体性の確立、これらが私たち県民にとって、全面復帰の持っている内容です。もっと簡単明瞭に言いますと、人間性の回復を願望しているのです」と語っている。いまでも「建議書」は「沖縄の憲法」といわれている。

二〇二二年五月一五日、玉城デニー沖縄県知事は、「平和で豊かな沖縄の実現に向けた新たな建議書」を日米両政府に提出した。「新たな建議書」は復帰時に沖縄と政府が共有した「沖縄を平和の島」にする目標は果たされていない、沖縄の米軍専用施設面積は復帰時五八・八％から七〇・三％に増加・集中しており、訓練水域は五四九万ヘクタール（九州の一・三倍）、訓練空域は九五四万ヘクタール（北海道の一・一倍）となっていて、復帰当時から縮小されていないばかりか、近年は外来機の飛行も加わって基地負担は増加している、また、県土の中枢部にあり基地の存在は沖縄の産業振興を阻害していると訴えた。そして、改めてⅰ五〇年前の建議書に掲げられた四項目の考え方を尊重、ⅱ基地の負担軽減・縮小、日米地位協定の抜本的見直し、普天間飛行場の運用停止、辺野古新基地建設の断念、ⅲ民意の尊重と地方自治の追求、ⅳ不測の事態の防止のために平和外交と対話、緊張緩和と信頼醸成への不断の努力を求めている。

二つの建議書について小林武愛知大学名誉教授は、かなり大きな相違があると指摘している。「屋良建議書」は民族支配から脱して、制約を受けることなく、日本国憲法のもとで「新生沖縄」を創造し建設することを目指している。そこでは、県民の圧倒的多数の意思に基づいて日米安保に反対し、自衛隊を拒否する姿勢が明瞭である。これと比べて、新たな建議書は、基本的には日米同盟を肯定し、また自衛隊について言及していない。しかしそのうえで、憲法を尊重せず、民主主義と地方自治に目をふさいで沖縄の民意に耳を貸さない本土政治を厳しく糾弾している、これは「県民の共同綱領「建白書」の合意点にたつ改善要求なのである」と評している。確かに屋良建議書は根源的な本土復帰を問い、玉城知事の建議書は現実に切実な沖縄の今日的課題を述べている。両者を合わせ読むことによって「沖縄問題」を深く理解することができよう。

沖縄の苦悩は続いている。加えて沖縄本島や奄美大島、宮古島、馬毛島ほか南西諸島には、自衛隊の配備とミサイル等軍備の強化と要塞化が進んでいて、再び沖縄戦の悲劇が繰り返されるのではないか、と沖縄の人たちを不安と恐怖に陥れている。二〇二二年一月「ノーモア沖縄戦命どぅ宝の会」が結成されて、反戦平和の戦いに全県民、全国民で結集しようと呼びかけている。しかしウクライナへのロシアの侵攻を背景に、政府は軍備の強化と憲法九条に「自衛隊」を加える憲法改正を推し進めようとしている。再びいま、本土は沖縄とどう向き合うべきかが問われている。

2 改めて「反復帰論」を読む

沖縄復帰のとき、沖縄の中から、「祖国に復帰すれば沖縄の課題はすべて解決されるのか」と異議申し立ての思想が生まれた。一九六〇年四月二八日沖縄県祖国復帰協議会の結成がなされているが、同時期に『新沖縄文学』一八号、一九号で特集が組まれている。そして「反復帰論」の担い手が、六〇年安保闘争のなかで沖縄の問題が十分に認識されておらず、軽視されていたことに対し、日本に対して失望した人たちであったことを知った。

『新沖縄文学』一八号では、「全体論に対する個の問題、体制の中へ没入する個の抹殺」の視点から特集が組まれている。私は、改めて『新沖縄文学』の復刻版を読んだ。

新川明「〈復帰〉思想の葬送――謝花昇論ノート」は、復帰思想を「明治以降から今日まで、沖縄の思想と運動を一貫して規定づけてきた日本志向の思想的傾向〈〈国家〉の方へすすんで身をすり寄せる〉を意味する言葉として」用いて、沖縄の自由民権運動家謝花昇の戦闘的反権力の戦いは、「天皇制国家の成立を規定する明治憲法体制そのものに対する疑惑と批判に欠けていた……日本人として同等の権利を勝ち取ろうとしたきわめて限定的な権力闘争であった」として、「沖縄の近代史」における謝花昇のこれまでの位置づけ――偶像化といえようか――に異議を突き付けている。そして「沖縄の近代化＝皇民化過程の中で得、沖縄人の内発的思想の志向性として、天皇制国家権力による上からの近代化＝皇民化に対応して、どのようにこれを下から支えていく機能を担ったのか」と自省している。

植木枝盛の沖縄論が浮かび上がってくる。

大城立裕は「沖縄の真の復帰とは、文化創造力の回復」「生まれ変わるべき日本への復帰」にあるとして、中央集権からの脱却を説く。牧港篤三《まきみなと》は「今や沖縄は、復帰の時点で、日本列島の一部として使命を果たす役割を果たすことになる」「本土の尖兵」「本土の防波堤」になると、待ち受ける「峻烈」な未来を予見している。仲宗根《なかそね》勇は、本土日本のなかでの「心理的な沖縄差別」と「法制度的な沖縄差別」が、両者が互いに因果関係を形づけつつ、「差別の円環運動」を繰り返している、「沖縄の復帰運動とは、結局のところ、島の祭りであった」と述べている。

『新沖縄文学』一九号では、本土からの視線として、大江健三郎と谷川健一の論説を載せている。大江は、「沖縄の友人への手紙」において、アメリカ↓沖縄↓アジアという形で実在する現実に対して、「日本人が、いま改めてアジアにかかわりつつ沖縄をいかに踏みつけにしているかを、あからさまに示すものである、日本↓沖縄↓アジアという道が開かれねばならぬ」という。そして反復帰論は日本人に向けられた「激しい勢いのツブテ」であり、根源的でありかつ日本変革の契機を含むものとして、「沖縄の声に耳を澄ませ続けよう」と書く。谷川健一は「空間と時間の不可逆性」において、反復帰論は沖縄の戦の灰塵の中から、アメリカと日本への「ノー」から始められるべきものではないか、この「ノー」を欠いた沖縄の主体性はあり得ないと問いかけて、この思想は「普遍性」の岩盤と歴史的風土の特殊性を突き抜けて、時間と空間の不可逆性の中を進まねばならない、と呼びかけている。

沖縄の本土復帰に関する日本本土と沖縄の主体性をめぐる論争は、「日本よ」との問いかけが「沖縄よ」との問いかけと木魂し、「共同幻想の国家」を鋭く突くものとなっている。

3 「その足をどかして　沖縄を踏んでいないか」

この言葉は、『海をあげる』（筑摩書房、二〇二〇）を書いた上間陽子琉球大学教授の言葉である。早くにはアメリカの女性最高裁判事ギンズバーグが差別をしている男性に向かって「男性の皆さん、女性の首の根っこを踏んでいるその足をどけて」と叫んで、差別に苦しむ女性たちの声を代弁した。上間は『海をあげる』の著書を「そもそも沖縄をこういう状況にしているのは『日本』ではないか」「足をどかせ」「踏んづけているよ」と、「果たし状」のつもりで書いたという。そして「足をどけろとは言ってはいるけれど、この国には他にも踏まれている人はたくさんいます。だからさまざまな場所にある問題をどうつないでいったらいいかを考えた。それが「海をあげる」という本です」と最後には優しく語っている。確かに私は彼女の淡々としてかつ平易な文章から「埋め立てられつつある辺野古の海」のどっしりとした重い荷物を受け取った。本土は彼女の問いかけを受け止める必要がある。

沖縄復帰五〇年にあたって、多くのメディアでは特集が組まれ、各地で多くの集会がもたれた。共同通信の世論調査では、基地に関する設問で、沖縄県の基地負担がほかの都道府県に比べ「不平等」「どちらかといえば不平等」と考えた人の割合は合わせて七九%に及んだ。しかし、沖縄県の米軍基地を大きく減らすべきだ五一%、現状のままでよい四〇%、全面撤去すべきだ六%、増やすべきだ一%（無回答二%）との回答もある。対する沖縄県民の意識では、「不平等」感は八三%、基地を大きく減らすべきだ五八%、現状のままでよい二六%、全面撤去一四%となっている。この差は本土と沖縄の基地に対する認識の差を浮き彫りにしている。これは沖縄の「基地」が本土から不可視化され、基地問題が沖縄にとじ込められているからである。

また「辺野古新基地に対する政府の姿勢」について「支持しない」は六四%となっているが、「普天間飛行場に対する政府の姿勢」については、日本国外に移設する二六%、日本国内に移設する二三%、工事を中止し飛行場を閉鎖する二一%、引き続き使用する二〇%、名護市以外に移設する九%、と分かれている。少なくとも本土において、沖縄の基地問題の核心はある程度は理解されているようだが、方法論をめぐっては不徹底である。

確かに琉球併合から、沖縄は常に本土の政府から多くの犠牲を押し付けられてきた。沖縄地上戦は「本土の捨て石」として本土の地上戦を回避する役割を担った。新憲法の制定から除外された沖縄を「質」に差し出して、本土は憲法九条の平和と高度経済成長の発展を遂げた。対して沖縄は米軍占領のもとで先祖伝来の土地を基地として「生贄」に捧げた。沖縄の本土復帰後もまた米軍と日本政府共同の軍事植民地としての機能を果たし続けている。日本政府は沖縄に対して強権的であるが、その日本政府を支えているのは、「政権」「政府」を選挙で選び、支持している日本人であり、同時に多くの者が無関心という形でも権力を支えている。確かに本土は「沖縄を踏んでいる」。そしてそれを支えているのは、沖縄振興政策以外、基地縮小と辺野古の新基地反対の声に「何もしない政府」と、それを支持している日本の市民すべてである。市民の支持なしには権力の基盤はないからである。

沖縄の復帰後の現状を労働問題と振興政策の面から見てみると、沖縄の一人あたりの県民所得は、復帰後増加傾向にあるとはいえ、国民所得の七四・八%、完全失業率は復帰後一貫して全国最高である。若者の雇用問題も深刻で、令和二年沖縄労働局の定期監督によれば、労働基準関連法令違反は、全国平均を上回っている。沖縄の労働組合組織率は九・八%で、全国の一三・五%を下回り、子供の貧困率は二九・九％で、全国平均一三・五％を超える。大人の貧困が連鎖を生んでいる。米軍基地は沖縄県庁に次ぐ人数の大規模な基地労働者（二〇二一年一二月末現在二万四五四六名）を生みだしており、直接の使用者は米軍であるが、雇用主は防衛省、予算は「同盟強靭化予算」（思いやり予算）として、日米特別協定による。復帰後全軍労が獲得した団体交渉権が失われ、「米軍無答責の法理」が強化されたといわれていて、労働基盤の脆弱性が問題となっている。

沖縄では復帰を契機に「本土との格差是正」を目的として、「沖縄振興（開発）」が行われてきた。「沖縄振興開発特別措置法」により振興開発計画が策定され、高率補助制度や予算の一括計上制度が導入された。高率補助制度は、多くの公共事業関係費への国庫負担・補助のかさ上げの仕組みである。現在は「沖縄振興特別措置法」となり「沖縄振興計画」となって、「沖縄の自立型経済の構築」が掲げられ、産業政策にかかわる。この予算は慣例として三〇〇〇億円が確保されてきたが、近年減少し、二〇二二年概算要求は二七〇〇億円となっている。沖縄振興策は、高率補助の枠外の福祉教育予算をおろそかにし、貧困問題への取り組みが遅れ、失業率の高止まり、非正規雇用の高率化、労働の長時間化、賃金と生産性の低さをもたらしてきた要因ではないかと指摘されている。むしろ沖縄振興策は、沖縄を統制する手段として働き、沖縄の米軍基地問題解決の阻害要因ではないかとの問いかけがなされ始めている。確かに「沖縄振興体制」は、国の裁量が大きく、米軍基地の向き合い方によって自治体への統制となり「在沖米軍基地問題を国政レベルにおいて争点化させない、政治的な議題とさせないシステム」として働いている。「沖縄振興予算は、過重な米軍基地の負担を受け入れる代わりの予算ではないにもかかわらず、財政の基地問題へのスタンスと関係するような予算額の変動が認められる」ことが明らかであり、「公平性」の視点から再考されるべき課題である。

4　反戦・不戦の平和　いつも沖縄を忘れない

(1)「わたし」たちは沖縄とどう向き合うか

いま、本土の「わたし」たち一人ひとりは、主体的に沖縄の苦悩にどう向き合うべきか。

一つは、沖縄の歴史を学ぶことから始まる。沖縄の置かれた構造的差別、「捨て石」にされた沖縄戦の悲惨と慟哭、占領下のあまたの人権侵害と被害、復帰の欺瞞、沖縄の民意を無視した強権的な政府の統治のやり方と態度などを理解してはじめて、沖縄の痛みを痛むことができる。たとえ沖縄に身を置いたとしても、到底沖縄の人たちと同じようには「痛む」ことはできるべくもないが、「わたし」なりに痛むことはできる。沖縄の人たちが抱く閉塞感と焦燥感も、沖縄の歴史を学んで、はじめて理解の端緒を掴むことができる。ほかの人の立場を理解するには想像力が必要であるが、「わたし」の想像力は、「わたし」の感性が拾い上げる「わたし」の体験に基づく小さくて狭い想像力に過ぎない。しかし歴史を学び、多くの人に出会って対話していくなかで、「わたし」の小さくて狭い想像力が、歴史的な想像力へと成長してゆく。個人的思考も感性も広がる。洞察力と予測力も培われる。そうなって初めて、他人への理解が生まれ、人の痛みも自ら痛むことができる、と思う。痛みを痛むことができて初めて、沖縄の「抵抗の魂」を理解し、相手への尊敬と友情が育つ。「私は戦後生まれだから」などと言ってはならない。

二つ目は、いまも沖縄の人たちが置かれている日常の暮らしを知ることである。できたら一度沖縄の地を踏み、「基地のフェンス」に沿って走り、多くの戦跡を訪ねてみよう。基地の爆音に曝されずに、せめて夜は静かに眠りたい、子供を遊ばせたい、人と会話したい。米兵の乱暴にあわずに夜道を安全に歩きたい、飛行機の墜落、飛行機からの落下物、訓練による誤射・流弾、低空飛行やパラシュート降下の不安におびえたくない、汚染された水は飲みたくない。山火事の危険や弾薬庫などの新築・改修の危険を知り、本土の一人ひとりが、自分の日常と沖縄との回路を見出し、沖縄の怒りを「私の怒り」につなぎ、あらゆる「わたし」の生活の現場で、抵抗することが求められている。そしていつも沖縄を忘れない、沖縄と繋がって本土から異議を言うことである。

(2) 日本の基地と日米地位協定

沖縄では、日本国憲法の上に、日米安全保障条約と日米地位協定があり、住民の平和的生存権が日常的、恒常的、持続的に侵害されている。日本の法律が適用されないからである。これは他国と比較すると日本がアメリカにものが言えず、本気で地位協定改定の交渉をしないことに原因がある。他人事ではない。本土にも、三沢、横田、厚木、岩国、自衛隊築城基地（福岡県）、横須賀、佐世保、自衛隊新田基地（宮崎県）などに基地があり、周辺の人たちは同じ苦しみのなかにある。二〇二二年六月横田基地では、一三〇〇名の原告が、第三次基地公害訴訟を提起した。請求内容は、軍用機の午後七時から午前七時までの飛行制限、オスプレイの終日飛行制限、騒音被害の継続的補償である。一八年七月、二〇年一一月には、全国知事会は全会一致で日米地位協定の抜本的見直しの提言をしている。地方議会での地位協定改正の「意見書」運動も進み始めた。本土の基地のあり様を検証し、国際基準による米軍基地訓練の規制と国内法の適用を求めて、沖縄と連帯して活動していくことが大切である。日米地位協定は本土にも適用されていることを忘れてはならない。

日本の基地は「物理的不可視化」に加えて、「政治的不可視化」にも目を凝らす必要がある。基地をめぐる日米地位協定の運用実態に目を向けて、改善させる必要がある。地位協定運用のための協議機関は「日米合同委員会」であるが、構成メンバーは、日本側は北米局長（外務省）、農林水産省経営局長、防衛省地方協力局長であり、アメリカ側は在日陸軍司令部副司令官（在日米大使）、第五部長、参謀長、在日空軍副指令、海軍及び海事隊参謀長となっている。日本側は外務省中心の官僚であり、相手方は米軍である。また議事録は原則非公開の闇の中である。国会にすら報告義務を負わない。大臣級の協議機関「2＋2」があるが、多くの場合細かい日米地位協定の運用には触れない。日米地位協定の運用と改定をめぐる協議機関は、あくまで日・米政府、自治体（沖縄県）の三者で構成されるべきである。

加えて近年特に、米軍基地は自衛隊との共同使用化が進み、当然これまでの自衛隊基地も米軍の共同使用下にある。そのためだんだん米軍基地の実態がつかめなくなっている。北海道の自衛隊基地は日本において大きな割合を占めているが、そこを米軍が共同使用している実態は明らかにされていいない。

(3) 辺野古新基地建設計画

特にいま重要な課題は、辺野古新基地建設である。技術的にも不可能とされる九〇メートルの軟弱地盤の埋め立てであること、活断層の存在が無視されていること、ジュゴンやサンゴなど希少種の生息する海を埋め立てる回復不能な環境破壊であること、長い期間と予算をつぎ込む無用な国家的事業であること、に本土の市民が留意することである。加えて費用は「日米同盟強靭化予算」（思いやり予算）として、日本側の全額負担のもとに行われている。辺野古新基地建設は米軍基地の不条理を象徴するものである。本土において自らの課題としてとらえる必要がある。

(4) 平和を守るためにいまこそ基地反対運動を

いま本土と沖縄での共通項は「反戦・不戦の平和」を守り通すことにある。憲法九条改正や自衛隊加憲に反対し、「命どぅ宝」を心柱とした非暴力不服従の抵抗手段で、あらゆる機会をとらえて、日常的に戦争につながるものに対して抵抗することが重要である。

自衛隊や米軍は、憲法二一条で保障された市民の権利行使（表現の自由）である反戦デモを敵視していることに留意しなければならない。例えば二〇二〇年一月二〇日、湯浅悟朗元陸上幕僚長の「新春・防衛講演」は、反戦デモや報道をテロやサイバー攻撃と同視して「自らの主張を相手方に強要し、わが国の主権、領土、国民に対する現状変更を試みる」「国家崩壊へ向かわせる」ものと説明した。この事実は、同年二月四日記者勉強会（陸上幕僚監部主催）で配布された資料が、二〇二二年四月二〇日、国会に提出されて明らかになった。国会において不適切と指摘され、防衛省は翌日記述を修正、原本廃棄と説明したが、穀田恵二議員（共産党）は予算委員会において「いまも講演記録は陸上自衛隊の共有システムで閲覧・ダウンロードできる状態にある」と指摘した。鬼木誠防衛副大臣は「修正した旨の周知が十分にされていなかった」と釈明、「わが国の治安を乱すような行為への対処を考えておかないとならない」と勉強会で説明していたことも明らかとなった。同二二年四月六日政府（松野官房長官）は「誤解を招く、例示不適切であった」とし、四月六日付で「資料を使用しないよう依頼した」と答弁した。「資料」は二年余り使われていて、のち「暴徒化したデモ」に言葉が修正された。記者用資料のみ裁断したに過ぎなかったのである。

また二〇〇七年、陸自情報保全隊が「自衛隊の活動に批判的な市民の動向調査」をして、沖縄弁護士会、労組や市民団体幹部の実名の個人情報をリスト化した。「警備出動」の任務のもと、米軍の代わりに自衛隊が米軍基地を守る訓練が常態化していて、一般市民を「テロリスト」「破壊分子」視している。

だからこそいま、反戦・不戦の平和を求める運動は、沖縄と本土の米軍基地反対の抵抗と連動している。本土の抵抗運動において沖縄を置き去りにしない、いつも「辺野古新基地反対」「高江のヘリパッド着陸帯の運用即時停止」「普天間飛行場の閉鎖」「沖縄を再び戦場としない」の課題を忘れないことである。

いま重要なことは、沖縄を前線基地とさせないために政府に戦争の準備をさせない、早めにその芽を摘むため外交努力をさせることである。ひとりで丸ごと問題を背負うのが重いときは、日常の自分にかかわる事ひとつだけでいい。「戦争につながっていくのではないか」という小さな不安、おかしいなと思うこと、疑いがあるなあと思ったこと、日常の暴力や差別に対して勇気をもって声を上げる。

基地問題の究極の解決は、外国の軍隊を日本の国土に駐留させないことである。

主要文献一覧　第Ⅰ部

第1章　いま、なぜ「抵抗権」なのか

1『植木枝盛集　第六巻　日本国国憲案ほか』岩波書店、一九九一年。
2 家永三郎『日本平和論大系一　安藤昌益・植木枝盛・中江兆民・北村透谷』日本図書センター、一九九三年。
3 古関彰一『日本国憲法の誕生（増補改訂版）』岩波書店、二〇一七年。
4 古関彰一『平和憲法の深層』筑摩書房、二〇一五年。
5 家永三郎『植木枝盛研究』岩波書店、一九六〇年。
6 家永三郎『革命思想の先駆者』岩波書店、一九五五年。
7 牧原憲夫『民権と憲法　シリーズ　日本近現代史二』岩波書店、二〇〇六年。
8 色川大吉『五日市憲法草案とその起草者たち』日本経済評論社、二〇一五年。
9 小畑隆資「植木枝盛の憲法構想――「東洋大日本国國憲案」考」『文化共生学研究』第六号（二〇〇七年）。
10 新井勝紘『五日市憲法』岩波書店、二〇一八年。
11 坂野潤治『明治憲法史』筑摩書房、二〇二〇年。
12 外崎光広『植木枝盛と女たち』ドメス出版、一九七六年。

第2章　故郷岐阜の自由民権運動から見えてきたもの

13 色川大吉『自由民権』岩波書店、一九八一年。
14 岐阜県編『岐阜県史　通史編・近代・下』一九七二年。
15 松沢裕作『自由民権運動――〈デモクラシー〉の夢と挫折』岩波書店、二〇一六年。
16 藤野裕子『民衆暴力――一揆・暴動・虐殺の日本近代』中央公論社、二〇二〇年。
17 長谷川昇『博徒と自由民権――名古屋事件始末記』中央公論社、一九七七年。

18 建部恒二「明治民権史話・板垣退助の岐阜遭難」(一)～(一二)岐阜県人の雑誌『濃尾人』三二三号～三三五号(一九七一年一月～一九七二年三月)。
19 建部恒二『明治民権史話　板垣遭難前後史談――相原尚褧と小池勇』一九八四年。
20 青木健児「岐阜県における自由民権運動(一)、(二)」『岐阜史學』第二四、二五号(一九五八、五九年)。
21 土谷桃子「板垣退助遭難の芝居――明治十五年の作品を中心に」『岐阜大学国語国文学』三八号(二〇一二年)。

第3章　新憲法の誕生から60年代の抵抗権論争へ

22 前掲(3)。
23 前掲(4)。
24 国家学会編『新憲法の研究』有斐閣、一九四七年。
25 鈴木安蔵『憲法改正――日本国憲法を中心とする考察』如水書房、一九五三年。
26 『法哲学年報　抵抗権の問題　一九五九』(一九六〇年)。
27 田畑忍『憲法と抵抗権――続・憲法重要問題の研究』三和書房、一九六七年。
28 法学協会編『註解日本国憲法　上巻・下巻』有斐閣、一九四八年。
29 「憲法制定の経過に関する小委員会報告書」『憲法調査会報告書　付属文書』第二号(一九六四年)。
30 天野和夫『抵抗権の合法性』法律文化社、一九七三年。
31 憲法研究所『憲法研究所特集・四　抵抗権』憲法研究所出版会、一九六五年。
32 橋本公亘『基本的人権　憲法・行政法研究一』有斐閣、一九七五年。
33 堀豊彦『デモクラシーと抵抗権』東京大学出版会、一九八八年。
34 菅野喜八郎「抵抗権」小嶋和司編『ジュリスト増刊　法律学の争点シリーズ二　憲法の争点(増補)』(一九八〇年)。
35 平野義太郎「抵抗権とその理論――ロック、アメリカ独立宣言、フランス人権宣言およびマルクスにおける」『思想』三五二号(一九五三年)。

36 宮沢俊義『法律学全集四　憲法Ⅱ』有斐閣、一九六二年。
37 樋口陽一『近代立憲主義と現代国家』勁草書房、一九七三年。
38 秋葉忠利『数学書として憲法を読む――前広島市長の憲法・天皇論』法政大学出版会、二〇一九年。
39 川名晋史『基地の消長1968年―1973年――日本本土の米軍基地「撤退」政策』勁草書房、二〇二〇年。
40 川名晋史『基地の政治学――戦後米国の海外基地拡大政策の起源』白桃書房、二〇一二年。
41 「東大ポポロ事件」東京地方裁判所昭和二九年五月一一日判決『ジュリスト』二七七号（一九六三年）、東京高等裁判所昭和三一年五月八日判決、最高裁判所大法廷昭和三八年五月二二日判決『刑集』一七巻四号、三七〇頁。
42 「砂川事件」東京地方裁判所昭和三四年三月三〇日判決『判例時報』一八〇号（一九五九年）。最高裁判所大法廷昭和三四年一二月一六日判決『刑集』一三巻一三号、三二二五頁。

第4章　沖縄戦、「非暴力」にこめる命どぅ宝

43 波平恒男『近代東アジア史のなかの琉球併合――中華世界秩序から植民地帝国日本へ』岩波書店、二〇一四年。
44 古関彰一、豊下楢彦『沖縄　憲法なき戦後――講和条約三条と日本の安全保障』みすず書房、二〇一八年。
45 大城立裕『小説　琉球処分（上）（下）』講談社文庫、二〇一〇年。
46 後田多敦『救国と真生――琉球・沖縄・海邦の史志』株式会社Ryukyu企画（琉球館）、二〇一九年。
47 上野英信『眉屋私記』海鳥社、二〇一四年。
48 寺崎英成、マリコ・テラサキ・ミラー『昭和天皇独白録　寺崎英成御用掛日記』文藝春秋、一九九一年。
49 『記録　沖縄「集団自決」裁判』岩波書店、二〇一二年。
50 大阪地方裁判所平成二〇年三月二三日判決出版差止事件『判例時報』一九九九号（二〇〇八年）。
51 大阪高等裁判所平成二〇年一〇月三一日判決上同『判例時報』二〇五七号（二〇一〇年）。
52 阿波根昌鴻『米軍と農民』岩波書店、一九七三年。
53 安良城米子「琉球・沖縄の平和思想――「非暴力」の視点から」石原昌家他編『オキナワを平和学する！』法律文化社、

二〇〇五年。
54 新城郁夫「「掟の門前」に座り込む人々――非暴力抵抗における「沖縄」という回路」『現代思想　特集：戦争の正体――虐殺のポリティカルエコノミー』四二巻一五号（二〇一四年）。
55 大江健三郎『沖縄ノート』岩波書店、一九七〇年。
56 大田昌秀『新版　醜い日本人――日本の沖縄意識』岩波書店、二〇〇〇年。
57 大田昌秀『沖縄　平和の礎』岩波書店、一九九六年。
58 大田昌秀『沖縄のこころ―沖縄戦と私―』岩波書店、一九七二年。
59 真藤順丈『宝島』講談社、二〇一八年。
60 松田ヒロ子『沖縄の植民地的近代――台湾へ渡った人びとの帝国主義的キャリア』世界思想社、二〇二一年。
61 野添文彬『沖縄米軍基地全史』吉川弘文館、二〇二〇年。
62 石田郁夫『沖縄　この現実――'70年安保闘争の火点』三一書房、一九六八年。
63 那覇地方裁判所コザ支部昭和五〇年七月三一日判決（掲載誌不明）。
64 小林武「コザ騒動と抵抗権」『愛知大学法学部法経論集』第二二八号（二〇二一年）。
65 原井一郎、斎藤日出治他著『国境27度線』海風社、二〇一九年。
66 石原昌家『国家に捏造される沖縄戦体験――準軍属扱いされた0歳児・靖国神社へ合祀』インパクト出版会、二〇二二年。

第5章　抵抗権は人間の尊厳を回復する権利である

67 中村尚樹「琉球弧に見る非暴力抵抗運動～奄美と沖縄の祖国復帰運動～」『専修大学社会学研究所月報』六四五号、（二〇一七年）。
68 日本社会党編纂委員会『日本社会党史』一九九六年。
69 琉球政府「復帰措置に関する建議書」昭和四六年一一月。
70 新崎盛暉『現代日本と沖縄』山川出版社、二〇〇一年。

71 新崎盛暉『日本にとって沖縄とは何か』岩波書店、二〇一六年。
72 新崎盛暉「県知事選挙の結果と沖縄の決意」『季論21』二七号(二〇一五年)。
73 木下順二『子午線の祀り・沖縄　他一篇　木下順二戯曲選Ⅳ』岩波文庫、一九九九年。
74 丸山眞男「点の軌跡――『沖縄』観劇所感」『丸山眞男集　第九巻　一九六一－一九六八』岩波書店、二〇〇三年。
75 三木健編『沖縄と色川大吉』不二出版、二〇二一年。
76 前掲(55)。
77 西山太吉監修、土江真樹子訳、高嶺朝一協力『検証　米秘密指定報告書「ケーススタディ沖縄返還」』岩波書店、二〇一八年。
78 辺見庸、目取真俊『沖縄と国家』角川書店、二〇一七年。
79 阿部岳『ルポ　沖縄　国家の暴力――現場記者が見た「高江165日」の真実』朝日出版社、二〇一七年。
80 白井聡『主権者のいない国』講談社、二〇二一年。
81 石原吉郎「ペシミストの勇気について」『望郷と海』筑摩書房、一九九〇年。
82 目取真俊『沖縄／草の声・根の意志』世織書房、二〇〇一年。
83 目取真俊『水滴』文藝春秋、一九九七年。
84 中野良夫、新崎盛暉『沖縄問題二十年』岩波書店、一九六五年。
85 新崎盛暉『沖縄現代史』岩波書店、一九九六年。
86 高橋哲哉『日米安保と沖縄基地論争――〈犠牲のシステム〉を問う』朝日新聞出版、二〇二一年。
87 日本平和学会編『平和研究』第五四号(二〇二〇年)。
88 野村浩也『増補改訂版　無意識の植民地主義――日本人の米軍基地と沖縄人』松籟社、二〇一九年。
89 小林武『沖縄憲法史考』日本評論社、二〇二〇年。
90 藤原書店編集部編『「沖縄問題」とは何か――「琉球処分」から基地問題まで』藤原書店、二〇一一年。
91 遠藤比呂通『国家とは何か、或いは人間について――怒りと記憶の憲法学』勁草書房、二〇二一年。
92 あごら沖縄編『あごら　響け！女たちの憤り　沖縄からの告発』二一二号、一九九五年。

93 「第七回　平和賞・選考理由　対象者：山城博治」日本平和学会　平和賞・平和研究奨励賞選考委員会、二〇一九年。
94 長谷川一裕「沖縄・高江機動隊訴訟　高裁勝訴判決の特徴と意義」『議会と自治体』二八四号（二〇二一年）。
95 大脇雅子「「沖縄の怒りではない　私の怒り」――「沖縄高江に派遣された愛知県機動隊への公金支出の違法性を問う住民訴訟」の名古屋高裁逆転勝訴判決をめぐって」『法と民主主義』五六五号（二〇二二年）。

第6章　沖縄復帰五〇年、本土と沖縄を結ぶ

96 沖縄県「本土復帰50年に向けた在沖米軍基地の整理縮小について（要請）」二〇二一年五月二七日。
97 沖縄タイムス社編『「反復帰論」を再び読む』沖縄タイムス社、二〇二二年。
98 渡瀬夏彦『沖縄が日本を倒す日』かもがわ出版、二〇二二年。
99 上間陽子『海をあげる』筑摩書房、二〇二〇年。
100 平敷武蕉『句集　島中の修羅』コールサック社、二〇二二年。
101 日本民主法律家協会『法と民主主義　特集：沖縄復帰50年と憲法』五七〇号（二〇二二年）。
102 島袋純『「沖縄振興体制」を問う――壊された自治とその再生に向けて』法律文化社、二〇一四年。
103 春田吉備彦「基地労働者を通して見た復帰後50年の沖縄の労働法上の課題」『季刊労働法』二七七号、二〇二二年）。
104 島田尚徳、前掲「沖縄振興計画と本土「復帰」50年の労働環境の変化と特質」。
105 川名晋史「基地問題の国際比較――沖縄の相対化」明石書店、二〇二一年。
106 吉田敏浩『追跡！謎の日米合同委員会――別のかたちで継続された「占領政策」』毎日新聞出版、二〇二一年。
107 山本章子、宮城裕也『日米地位協定の現場を行く――「基地のある街」の現実』岩波書店、二〇二二年。

第Ⅱ部

今こそ平和的生存権を

第1章　なぜ、「平和的生存権」か

1　戦争体験から思う

「臨時ニュースを申し上げます。臨時ニュースを申しあげます。大本営陸海軍部、一二月八日午前六時発表。帝国陸海軍は、本八日未明、西太平洋においてアメリカ、イギリス軍と戦闘状態に入れり。帝国陸海軍は、本未明、西太平洋においてアメリカ、イギリス軍と戦闘状態に入れり。今朝、大本営陸海軍部からこのように発表されました」

突如ラジオから流れたニュースを聞いて、勤務先の金華国民学校から帰ったばかりの父は、「始まったぞ」と叫んで、外に飛び出した。遊びから帰った私は玄関先で、疾風のように飛び出した父を見送った。とまた、父は脱兎のごとく家に駆けあがり、母に「おい、戦争だぞ！始まったぞ！」と叫んで、再び外へ飛び出していった。母と祖母は顔を見合わせて「これからどうなるのだろう」と不安げで、国民学校一年生のわたしは、大事が起こったと緊張した。

翌日の朝礼は、天皇陛下が住まわれている東方を向いて遥拝、君が代の斉唱から始まった。教頭先生が奉安殿から紫の袱紗《ふくさ》に包んだ教育勅語を三宝《さんぽう》に載せて頭上に掲げて運んでくる。校長先生が大きな声で朗読し、生徒が復唱する。意味はよくわからないが「一旦緩急あれば臣民は身命を投げ捨てて天皇陛下に尽くせ」と繰り返し教えられた。戦争が始まったからには一層火の玉になって奮起せよ、と言われ、「天皇陛下、万歳」三唱。ラジオ体操をして運動場を駆け足で三周してから教室に入る。教室の正面には皇居（宮城《きゅうじょう》）の二重橋の写真が掛けられている。直立最敬礼。それから授業が始まった。

しばらくして軍隊が学校の体育館に泊まり込み、体育は将校の号令のもとで毎日「軍隊行進」の練習で、足並みがそろうまで夜になっても続いた。出征兵士の見送り、英霊の帰還には日の丸の小旗を持って集まり、戦勝報告があるといつも提灯行列に出かけ、「万歳、万歳」とそのたびに叫んでいた。

日常生活は大人も子どももいつも緊張していた。兵隊さん、お巡りさん、特高の憲兵さん、町内会長や国防婦人会の見回りにはびくびくしていた。缶蹴りをして遊んでいても、兵隊さんたちが歩いてくると、一列に並び、直立してお辞儀をする。空襲に備えて夜の電気には暗幕を張り、裏庭には防空壕を掘って、空襲警報が鳴ると畳と障子を部屋の真ん中に積み上げてから避難した。血液型を縫い付けた防空頭巾を常に身につけ、学校の帰り道には頭を抱えて畦道に伏せる避難訓練を繰り返していた。食糧の配給は少なく、夕食はかぼちゃ、芋の蔓、ふすま入りの雑炊で、私の大切なお手玉の小豆がお粥に浮いていて大泣きをした。

玄関には砂袋を積み上げ、防火用水に水を張って、消化用のモップを備え付けて、焼夷弾が落ちてきたら、はたいて火を消せ、消防訓練に年寄りまで駆り出された。

一九四五年七月九日夜九時岐阜の空襲が始まった。B29が七〇機襲来した。飛行機の翼で空が見えない、耳を覆う爆音。まずアメリカの飛行機は岐阜市の周辺をぐるりと空爆し、ついで市街地の真中に焼夷弾を落としたので、多くの市民は逃げ場を失い、死者九〇〇名、負傷者一〇〇〇名、建物焼失二万三〇〇〇戸の被害を受けた。東京大空襲に次ぐ最大規模の空襲といわれている。裏庭に木の柱を立てて、穴の上に板をかけて、上から土をかぶせただけの防空壕にいては、煙が舞い込んで蒸し焼きになりそうで、長良川の堤防に向かって火の海の中を祖母と手をつないで逃げた。遠くの木造の家屋は紙が燃えるようにひらひらと焼け落ちていた。庶民のあいだでは、ひそかに東京や大阪では防空壕にいて蒸し焼きになった被害者がたくさんいると囁かれていた。父はジャワ（インドネシア）に軍属として赴任中で、母は学校警備で駆り出され家を留守にしていた。叔父の妻がたまたま同居していて弟の手を握り、消火しようとモップで軒先をたたいている町内会のおじさんに「はよ逃げな、死ぬよ！」と声をかけたが、町内会長はモップをふりまわして火を消すのに躍起になっていた。「逃げるな。火を消せ」が軍からの命令で、わたしたち一家は町内会長を置き去りにして逃げた。

堤防に着くと三人の兵隊さんが、胡坐をかいたり、寝そべったりして空を見上げていた。「学校はどうなったのですか、学校に行った母はどうしましたか」と聞いた。軍事教練の号令をかけていた将校に声をかけたのだが、そっぽを向いてなんの返事もない。電波妨害のアルミニュームが銀色に光ってキラキラと空に舞っていた。空襲が終わり堤防をさまよっていたとき、偶然にも「マサコ！ヨシユキ！」と子どもの名前を叫んでいた母と巡り合った。祖母が大声で泣きだして、膝から崩れ折れた。「水、水をください。わたしのかあさんはどこですか？」と小さな子が寄ってきたが、返事もせず通り過ぎた。あとでわかったことだが、川向うに住んでいたわたしの父方の祖母、叔父夫婦は、庭先に掘った防空壕の入口に焼夷弾が落ち、ころころと壕の中に転がって爆発し、即死した。壕から逃げ出した従弟は火傷を負い、大きなケロイドが顔と手に残った。

帰り道には黒こげになった死体がごろごろしていたが、何の感情もわかない。何故かわたしは、堤防の草むらに咲いていたえんどう豆のピンクの花だけを思い浮かべていた。焼けた家の跡地に戻り、鍋に残っていた茶色に焦げたご飯を口に含んだ母は、油臭くて食べられないといった。町内会長さんの家の前に、黒く焦げて木炭のようながらんどうの胴体が転がっていて、中が熾《おき》火のように真っ赤に燃えていた。火を消していた町内会長さんだったのだろうか。

私の戦争の原体験から想う。戦争は残酷そのもの。戦争は突然に始まり、破滅するまで止まらない。だから戦争が近づいたら、事前に何としても止める。戦争準備には断固反対する。軍隊は信じない。熱狂には同調しない。「戦争は絶対に嫌だ」と思うわたしにとって「新しい憲法」、とくに憲法九条は、未来の希望であった。

名古屋の地に杉山千佐子さんという戦災傷病者に対する被害救済を求める活動家がいて、いつのころからだったか八月一五日にはともに、七里の渡し（名古屋市熱田区）において空襲被害者の鎮魂のために灯篭流しをするようになった。軍人、軍属（特例として原爆被害者を含む）に対しては恩給や傷病支給金と医療費が補償されるのに、民間の空襲被害者には「戦争はすべての国民が等しく受忍すべきである」として何の補償もしないのは法の下の平等に反している。一九七〇年から八〇年にかけて社会党を中心として「戦時災害援護法案」が国会へ一四回提出されていたが、すべて廃案となった。東京大空襲、名古屋大空襲、沖縄大空襲に対する被害者たちが訴訟を重ねて、裁判所が「立法措置」を示唆していたこともあって、民主党政権下で超党派の「議員連盟」が設立され、立法案が検討された。現在は、「空襲被害者等の補償問題について立法措置による解決を考える議員連盟」として改組され、二〇一六年四月には戦争による身体障害のある人に五〇万円の一時金支給を柱とする法案骨子案ができた。骨子案には国からの謝罪、死者の追悼碑、孤児の調査等も含まれている。空襲の被害者も年老いてきたので、法案の早期成立が望まれる。

2　六〇年安保闘争に参加

一九六〇年四月、わたしは司法修習生になった。東京では安保闘争の最中であった。五一年吉田茂が署名した日米安保条約は駐留米軍に無制限な自由を与えていて、時の岸信介総理は安保条約を双務的なものへと改定を目論み、日米共同防衛条項の明文化を図った。対米従属が強化される危険があった。社会党と総評が中心となり、共産党はオブザーバーとして加わり、安保条約改定阻止国民会議が結成された。

一九六〇年五月一九日衆議院では院内に五〇〇人の警察官を導入して、条約批准が強行採決された。市民、労働者、学生は共同して、各地で集会とデモやストライキを起こし、延べ動員数七〇万人が国会議事堂を取り囲んで請願デモをした。あの時の心を揺する「シュプレヒコールと足音」は今でも忘れられない。司法修習生だったわたしは、デモに参加するときはバッジを外し、運動靴を履き、逮捕されそうになった時は真っ先に逃げる、常に二、三人で一緒に行動する、ことを申し合わせていた。法曹資格を取り上げられてはかなわないからである。司法研修所の教官たちも寛容で、門限が切れて塀を乗り越えて宿舎に帰ってもおとがめなしであった。

六月一五日、全学連主流派が国会の正門から国会内に突入し、警備の警官と衝突、東大生樺美智子《かんば》さんが死亡、わたしは彼女の追悼デモに参加した。岸総理は赤城宗徳防衛庁長官を首相私邸に呼び、自衛隊の出動を要請したが、長官は反対、大規模な流血は避けられた。岸総理は退陣し、アメリカ大統領アイゼンハワーの訪日は中止された。しかし安保条約改定は六月一九日、自然承認となった。わたしはその日の深夜〇時、国会正門前に座り込んでいた。静謐な空気が流れ、深い脱力感に満たされた。その時わたしは確かに「日米安保条約」と正面から対峙していた、と思う。

そのあと、平和なデモをしていて、取り締まりの警察官から暴行を受けた市民らが、国に対し損害賠償請求事件を提起した。わたしは青年法律家協会の活動の一環として、新劇人の被害者を炎天下に訪ね歩いて、警察官による暴行の被害の実態を聞き取り、裁判用の「陳述書」の作成を補助して、その年の夏を過ごした。わたしは全学連の後尾の激しいジグザグ・デモや銀座の道いっぱいのフランスデモ、座り込みにも参加して、デモに対する警察の取り締まりの実態をつぶさに経験した。警察官の権力の濫用は許さない、これからも警察権力の濫用の「監視」を続けようと誓った。

3 参議院議員の体験

⑴ 一九九七年「日米新ガイドライン」から有事法制定へ

一九八九年ベルリンの壁が崩壊し、九一年ソ連邦が崩壊して、東西冷戦が終わり、世界は新しい時代に入った、と誰もが思った。五〇年にわたるイデオロギー闘争は意味を失い、軍事予算は削減され、「平和の配当」が世界の人々の暮らしを豊かにするかに見えた。しかし世界各地で国内紛争が多発して、アメリカの太平洋・アジア地域への軍事プレゼンスが強化され、北朝鮮と中国脅威論が台頭してきた。同年イラクのクウェート侵攻を契機に湾岸戦争が勃発、日本はアメリカを中心とした多国籍軍への資金の援助を求められ、一三〇億ドルを支援、機雷除去のためペルシャ湾へ自衛隊の掃海艇《そうかいてい》を派遣した。九二年八月「国際平和協力法（PKO法）」が成立し、PKO（国連平和維持活動）や人道援助を理由に、自衛隊を国外へ派遣することができるようになった。その頃、私は社会文化法律センターの代表であった伊達秋雄弁護士に「憲法を護れ」と強く説得されて、社会党・護憲共同の比例区代表として立候補、同九二年七月参議院議員となった。

一九九三年八月九日、八党連立の細川政権が成立し、五五年体制といわれた自民党単独政権は終焉した。そして紆余曲折の末、翌年六月三〇日、社会党党首村山富市を首相とする自社さ連立政権が成立、私は与党の側で仕事をすることになった。自社さ政権の三党連立合意には「憲法を護る」とあった。もっとも村山総理は所信表明演説で自衛隊を「合憲」「日米安保条約堅持」を明言した。日米安保条約「堅持」は、のちに村山総理が「維持」であったものを読み間違えたと釈明している。しかし従来の社会党の綱領であった自衛隊違憲論を政権側に立ったというだけで何の説明もなく転換し、十分な党内議論をすることもなく、社会党大会でも追認したため、社会党に対する不信感を市民に抱かせることになった。党内は混乱し、やがてくる社会党分裂の火種となった。その後、村山総理は九六年一月突如、首相の座を橋本龍太郎に禅譲し、社会党は「閣外協力」という立場となる。同年「新社会党」が分裂、新党として「民主党」が結成されたが、村山富市議員や土井たか子議員は新党への合流を拒否し、私は土井議員らとともに社会党にとどまることになった。社会党が「社会民主党」と改名した時点で党員となり参議院議員として再選、国際委員長の役職についた。

一九九六年一月橋本政権に代わり、同年四月一七日橋本総理とクリントン大統領のあいだで「日米安全保障宣言――二一世紀に向けての同盟」が発表された。この文書では、沖縄の普天間飛行場の返還と米軍基地の整理・統合・縮小と引き換えに、アジア太平洋の平和と安定のために日米防衛協力を強化し、「日米防衛協力の指針（一九七八年ガイドライン）」の見直しをはかり、「日本の周辺地域において我が国の平和と安全に重要な影響を与えるような事態」へ対処するための関係法令を検討すること、多国間の地域安全保障について対話と協力の仕組みを構築すること、日米経済協力システムを強化することが合意されていた。九六年一〇月三一日「新しい政権に向けての三党政策合意」は、「一九九五年八月一五日の村山談話を基本に据えアジア重視の外交を展開する」として、「日米防衛協力のための指針の見直しは、現行憲法や集団的自衛権に関する政府解釈を前提として行う」と記述していたものの、同年六月二八日にはすでに日米両国事務レベルの見直しの作業が始まり、九七年六月七日「日米防衛協力のための指針の見直しに関する中間取りまとめ」が防衛協力小委員会から発表された。新ガイドラインは「日本周辺事態」の日米防衛協力に軸足を置き、機雷掃海、海上封鎖、輸送協力、物資の補給など「便宜供与」の範囲を超えた対米支援が含まれていた。米国の外交方針が「対ソ共同抑止型」から「地域紛争対応型」へ転換し、新ガイドラインは明らかに湾岸戦争や北朝鮮有事と台湾有事に対応するものと考えられた。これは安全保障の枠組みが日米安全保障条約五条の「日本有事」を中心に運用されてきたものが、条約六条の「極東有事」へ軸足を移し、極東を「周辺事態」と変えていくことで、明らかに安保条約の性格を変更するものであった。

平行して一九九六年六月一二日「与党ガイドライン問題協議会」が設置され、私はそのメンバーの一員となった。社民党は、ガイドラインの見直しはあくまでアメリカ主導のものであって、憲法の個別的自衛権の範囲を超えて集団的自衛権への足掛かりを与えないこと、あくまで外交努力による総合的安全保障の確立への努力を怠らないこと、危機回避と紛争予防のために日本のすべきことを明確にしていくこと、形骸化している日米事前協議制の検証をすることをテーマとすべく会議に臨んだ。日米同盟の転換期であった。

(2) 与党訪米団に参加して

一九九七年六月三〇日から七月五日まで「与党米国訪問団」が組まれて、私は社民党の国際委員長の責にあったので、訪米団に参加することになった。メンバーは、自民党からは山崎拓自民党政務会長（団長）、宮下創平、船田元衆議院議員、岡部三郎参議院議員、社民党からは及川一夫（社会民主党政策審議会長）、上原康助衆議院議員、大脇雅子、さきがけからは水野誠一新党さきがけ政策調査会長の計八名。朝日新聞は、訪米団は「ガイドライン見直しのための地ならしが狙い」で、憲法との関係で慎重な姿勢をとっている社民党幹部に対し、米国関係者らとの会談と対話を経て、ガイドラインの見直しが憲法の枠内で可能であるとの安心感を与えることを目的とすると述べていた。確かに「自社さの枠組みを揺るがしかねない」テーマであった。

ワシントンで最も印象的だったのはアメリカ国防総省ペンタゴンへの訪問であった。独特の形の建物の内部は、すべての壁面が勝利した戦争のシーンの写真とアメリカ国旗で埋め尽くされて、軍事大国の歴史に視覚的に圧倒された。コーエン国防長官は「ガイドラインの中間報告に日米間の不一致はない。日本の憲法や諸法律と整合性がとれている」と発言したが、キャンベル副次官補は「憲法が重要な役割を果たしているが、多少の法律の改正は必要だろう」と述べた。「在日米軍の兵力見直しに関しては、朝鮮半島情勢の緊張が緩和されたのちに行いたい」「周辺事態は地理的に特定せず、アフリカや南米は想定しないが、中東事態への日本の支援に期待する」「これまで日本と十分な協議をせずに米国が行動をとったこともあった。しかしいまでは、国防総省と日本の外務省、防衛庁とは、ほぼ毎日協議を行っている。過去二年間、政治レベルと事務レベルにおいてあらゆる事項について、緊密の協議を行ってきた」と述べた。それに先立つ会談では、海軍中将レッド統合参謀本部第五部部長は、「湾岸戦争の協力を思い出してほしい。地域を特定することは時期尚早で、細部は防衛庁と在日米軍の協議による」と答えていた。道中「日本の独立に関する曖昧さ」が払拭できない私は、「日本はNOと言えるか」と質問し続けたが、ことごとく曖昧なままいなされた。「日米の意見が食い違うことは想定できない」というのが一致した前提で議論は発展しなかった。

CSIS（戦略国際問題研究所）では、多くの研究員と話し合ったが、「湾岸戦争で日本は一三〇億ドルの支援をしたが、少し遅れたため理解されなかった。朝鮮有事のときに先例通りならば日本にとって打撃的である」「朝鮮有事のとき日本がアメリカに何もできなかったときは問題となる」との恫喝的ともいえる言葉にも引っかかった。「ON THE BOOT」（自立して防衛を）「SHOW THE FLAG」（旗色を鮮明にせよ）という言葉が躍る。すでに北朝鮮との戦争は想定されていて、具体的な先制攻撃も市場経済への体制移行も議論のテーブルに乗せられていた。私は与党訪朝団に加わり、日朝国交正常化の交渉にもかかわっていたので複雑な思いであった。

元NSC補佐官ブレジンスキー氏と会談した折には新ガイドラインが中国を刺激する危険性について議論した。「拡大地域を特定すると中国を含むことになるので、特定すべきではない」と何とも微妙な答えが返ってきた。「日米の軍事協力はよりフレキシブルに。朝鮮半島の安定に共通の利益を持ち、戦争の抑止力となる」と強調され、リチャード・アーミテージ元国防次官補は、「有事認定は国連決議による。アメリカの戦闘に対する日本の後方支援が重要で、日本の戦闘行為は含まない」と述べた。中国はすでに潜在的脅威と認識されていた。

米国国防大学における会談の出席者は一〇人。こもごも具体的に日本へのアメリカの期待を聞くことになった。キャンベル国防次官補は「日本は経済的支援、後方支援、基地その他施設の提供、補修や輸送支援、人道援助、通信等インフラ面の整備、軍事施設の建設とともに、兵力の相互運用、救援、PKO、運用面の協力等に期待する。次のステップはガイドライン手直し後の日本の法整備と軍事作戦策定に関する政治的許容だ」と述べた。機雷の掃海艇による除去、経済封鎖や臨検も求められた。事前協議を活性化できるかという日本側からの質問には、「定期協議、随時協議を行っていく、協議の性質はこれから多面的になり、調整メカニズムが変わっていくだろう」というので、私が「日本はNOと言えるのか」と質問したら、ここでも「日米随時協議を行っていくので日米間に意見の齟齬は起きない」と強調された。力関係からすると、日本はアメリカに言われるままの対処に終始しかねない危険性があると思った。

ハワイ州真珠湾にある太平洋総司令部も訪問した。「太平洋における米軍は日本の貢献なしにはあり得ない」。原子力潜水艦と駆逐艦の搭乗視察は、日本の政治家に初めて許可するというので、私は原子力潜水艦の搭乗を拒否した。そしてその間ロイ・タクミハワイ州議員を訪問して、ハワイ州の軍縮と平和運動について話し合いをした。沖縄の基地をグアムへ、という運動があることを知った。その後団と合流し、ダニエル井上議員の話を聞いた。井上議員は「中国と北朝鮮の脅威に対し、米国は全面展開を決定し、武力紛争を止めるためのすべての手段がとられるであろう」と予言ともとれる言葉を放ち、「一九九五年の沖縄少女暴行事件に関して、日米地位協定の不適用を進言した、外国人の駐留は不快であろうから、最善を尽くしたい」と日系人としての率直な心情を聞いた。

視察の旅が終わって、自民党の山崎団長は「新ガイドラインの『周辺事態』は、地理的概念ではなく、極東における平和と安全に重大な影響を及ぼす事態である。自社さはできるだけ同じレベルの認識に立って協議に入りたい」と述べ、社民党の及川政審会長は「アメリカの認識と戦略は理解できた。しかし憲法上不安が残った。周辺地域が拡大することに懸念がある。どうしても信頼の醸成と対話の外交に努力していかなければならないことを痛感した」と述べた。七月一七日から八月二〇日にかけて協議会が開かれ、四〇項目の個別的問題に対し、国内法でどのように対処できるか、国連憲章との関係はどうか、経済制裁にはどうコミットするのか、事前協議制の活性化を図るにはどうしたらいいのか、と果てしない議論が続いた。そして八月二一日の協議会では、新ガイドラインの合意点として、i 日米安保の枠組みを変えない、憲法の制約、国連憲章・国際約束に合致すること、ii 新指針は、わが国の「周辺」で平和と安全に重大な影響を与える事態が生じた場合、事前協議または日米双方の合意のもとに運用されること、iii 台湾はガイドラインの適用地域とはしないこと、が合意事項とされた。しかし「周辺事態」はあくまで極東に限定することは合意できなかった。新ガイドラインは、一九九七年九月二三日日米で合意され、それをもとに九八年五月「周辺事態法」が成立した。社民党は、これを機に同年六月、閣外協力を解消した。

しかし、アメリカは日本の国内法の整備に不満であった。二〇〇〇年一〇月ブッシュ政権下の国務副長官リチャード・アーミテージ報告「米国と日本――成熟したパートナーシップに向けた前進」は、危機管理立法（有事法制）の立法化を含む新ガイドラインの誠実な実行、米国軍隊と日本自衛隊の協力と訓練の統一、軍事力の調整等を要請し、「憲法九条は日米の集団的自衛権の行使の障害になっている」と述べた。同年一月には国会に「憲法調査会」が設置された。〇一年九月一一日米国で「同時多発テロ」が起き、同〇一年一〇月「テロ対策特別措置法」が制定された。その後〇二年四月一六日、小泉内閣はいわゆる「有事関連三法案」を閣議決定し、〇三年六月「武力攻撃事態法」「自衛隊法等改正」「安全保障会議設置法」が成立した。のち「国民保護法制」が加わって、日米の有事に自治体、民間企業、国民の協力義務を定めた戦時体制が確立した。安倍内閣の安全保障新法制は、日米関係の従属のなかでの必然の帰結である。わたしは「平和的生存権の立法構想」を模索するようになった。

5　もうひとつの安全保障の道を求めて

日本の安全保障は、講和条約と日米安全保障条約がセットとして締結されたという歴史的経緯から、主として憲法九条と自衛隊違憲・合憲論、安全保障条約と米軍駐留の基地と軍事協力の問題として語られてきた。参議院議員になってから、人権の側面から安全保障を考える道を見出し、有事法制のもとで、戦争を予防することは、人権保障機構を国際的にも国内的にも構築することだと思うようになった。その後の議員活動を経て、わたしの考え方は「平和的生存権保障基本法」構想と立法を探る道へと収斂していった。その契機となった体験について簡単に触れてみたい。

(1) CSCE（全欧州安全保障協力機構）

一九九三年四月二八日から五月七日まで、社会文化法律センター（代表伊達秋雄、当時）はCSCE調査団をウィーン、プラハ、ワルシャワへ派遣した。

一九七五年八月一日成立した「ヘルシンキ宣言」の批准国は当時五三か国となっていて、欧州における安全保障法は、武力による威嚇ないし武力の行使の放棄、紛争の平和的解決、領土の不可侵と内政不干渉、民族自決、信頼醸成措置と軍縮、人権の尊重、化学・経済・環境・教育文化の分野における相互協力、情報共有を原則としていて、CSCEの「紛争防止センター」の予防外交、軍縮管理と信頼醸成の評価・査察チームの活動は世界の注目を呼んでいた。

調査団はアジアにおけるCSCEの構築を目指して、新しい予防外交の手法を調査・検証することを目的としていた。調査団は、吉川元広島修道大学法学部助教授（当時）を参与として、九名の弁護士が参加。ポーランドのヘルシンキ委員会代表が語る人権NGOの権力と距離をとったストイックな活動に感銘し、選挙監視、教育と啓発の忍耐強い活動に目を見張った。武器を持たず、命を懸けて紛争地に入り、未然に紛争予防と平和の創造について語る若者の姿は魅力的であった。

紛争防止センターは、当時二〇件のミッションを抱えていて、文民と専門家からなりたっていた。少数民族弁務官も活動していた。安全保障即軍事として考えて、軍拡につながっていく議論には終止符を打たねばならない、アジアの隣人たちと対話の道を開かねばならないという想いが、参加した弁護士の護憲構想と重なった。調査報告は『CSCE――多国間主義に基づく信頼醸成と軍縮、民主的平和と人権安全保障の進展、そしてアジアにも今』（社会法律文化センター、一九九四）という小冊子にまとめた。

伊達秋雄弁護士は「日本は二国間同盟である日米安保体制に組み込まれ、アジアの隣人たちと本気で平和や安全保障を語り合うことがなかったことを反省しなければならない」として、CSCEをヒントにして、アジアの新しい安全保障を模索するようにと示唆された。戦争への道は、例外なく人権の抑圧からはじまる。国際的にも、地域的にも「人権保障機構」を作り、恒常的な多国間の対話を通じて紛争を予防することは平和の創造の第一歩である。

CSCEは一九七五年に設立され、東西冷戦の終結に大きな力を発揮し、九五年にOSCE（欧州安全保障協力機構）に改組された。現在五四か国が参加し、日本は協力のためのパートナーである。活動は、あくまで非武装で紛争地に入り、長期または短期の監視ミッションとして、紛争当事者に対して対話を働きかけ、紛争地の実態報告書を作成する。「紛争防止センター」がその中核的存在である。時計の針を止めて採択したといわれる「ヘルシンキ宣言」文書など、権力に左右されず、あくまで中立の立場に立って活動する専門家や若者たちの行動は感動的であった。

OSCEの監視ミッションは紛争当事者の合意を必要とするため、ユーゴ紛争でも、ウクライナ紛争でも、両国の同意が得られず紛争を止めることができなかったが、ウクライナでは特別監視ミッションが人間への配慮を欠かさない地道な努力を現地で続けている。アジアにおいても、これまでさまざまな試みはあったものの実を結ばず、差し迫るアジア地域の緊張を緩和し、紛争・戦争を未然に止めるために、いまこそ紛争予防のための対話と仕組み作りに知恵を出し合うことが必要である、と思う。「軍拡の罠」に陥らないためにも、平和憲法を持つ日本のイニシアティブにより、ASEANを基軸として、国連と連携して、平和活動のNGOも結集して、非軍事に徹した紛争予防の監視ミッションの枠組みを早急に作ることが必要であろう。そして鎖のように、多国間対話をつなげ、世界の連帯を回復してゆきたい。

(2) PDSAP（アジア・太平洋の平和・軍縮・共生のための国際会議）

一九九四年四月二八日から五月一日まで、フィリピンのマニラにおいて開かれた第二回PDSAP「アジア太平洋の平和・軍縮・共生のための国際会議」(Peace, Disarmament and Symbiosis in the Asia-Pacific) に参加した。

第一回会議は、一九九一年東京において開かれ、日本、中国、ロシア、フィリピン、韓国、ニュージーランド、朝鮮民主主義人民共和国、アメリカなど八か国の代表が参加し、「東京アピール」を採択した。「東京アピール」では、ⅰ冷戦後の複雑な情勢の中でも、わたしたちに共通な地域での非核化、軍縮、紛争地域の平和的解決の共通の安全保障に強い期待が存在しているので、その実現につとめること、ⅱすべての人が人間らしく生存する権利、平和の裡に生存し、環境を侵されない権利をすべての次の世代に保障するために、アジア太平洋の共同行動を起こすこと、ⅲ地域の文化的多様性を尊重し、相互交流によって新しい文化圏の創造を目指すこと、ⅳ各国は国内で委員会をつくり、幅を広げながら定期的会合を持つこと、を確認している。先に九〇年一二月準備のための国内シンポジウムが開かれていて、政治家、法律家、研究者、宗教者が集まり、憲法九条の新しいアジアにおける意味、新しい国際貢献の在り方、多国間の平和の秩序の構築が課題となっていた。欧州におけるCSCEが旧社会主義国の新しい道を探ることに助力し、東西冷戦の平和的終結に大きな貢献をしたことを契機に、アジアにも何らかの機構の創設を目指していたのである。

第二回会議は、フィリピンで開かれ、私も参加した。韓国から金大中《キムデジュン》ら南北統一省関係の国会議員、日本から土井たか子社民党党首、田英夫、矢田部理参議院議員ら七人の国会議員、武者小路公秀、伊藤成彦ら研究者三人、NGO一一人（総勢二三人）、アメリカからはチャールス・オーバービー博士（第九条の会会長）ら反核・平和運動家、主催国フィリピンからはコラソン・アキノはじめ多数の上下国会議員、その他中国、ロシア、マレーシア、ベトナム、インドネシア、パラオ、タイ、香港の一二か国、代表四八人、オブザーバー二人が集まり、研究者や市民活動家を交えて、平和・軍縮・安全保障問題、経済と開発問題、環境問題、社会・政治問題を議論した。

日本は、紛争の平和的解決と内政不干渉の原則、軍縮・信頼醸成・武器移転の規制の促進、地域的な集団的安全保障、格差の是正と平和の共生メカニズムの構築を提案した。

会議では、金大中大統領が「平和・民主主義とアジア」と題した特別基調講演をし、朝鮮半島の非核化と南北統一への平和的プロセスを提案したのが印象的であった。私はオーバービー博士からアメリカにおける日本国憲法九条を広げる活動の苦労話を直接聞き、フィリピンにおいても「日本国憲法九条を世界に広げよう」という運動があることを知った。

第四回国際会議は一九九九年五月北京において開かれた。一一か国から約五〇人が参加。北東アジアの非核地帯の可能性について議論がされた。

第五回国際会議は二〇〇三年一一月、沖縄で開催された。一二か国から一〇〇〇人以上の人が集い、会議は四日間にわたった。日本からは河野洋平、土井たか子、豊田利彦、伏屋康治、武者小路公秀ら、沖縄からは新崎盛暉、高里鈴代、山内徳信らが参加、アジア太平洋の非軍事化と共生、朝鮮問題の平和的解決をテーマに議論した。沖縄からは「世界の民衆との沖縄基地撤去の戦いとの連帯を」、アメリカのオーバービー博士から「日本国憲法をアメリカの憲法へ取り入れよう」、ロシアのコンスタン・サルヤコフ山梨大学教授からは「すべての紛争の平和的解決を」、ベトナム平和委員会のホン・ハから「あらゆる暴力をなくすための国際協力の仕組みを作ろう」と提起があった。「共生」という理念が各国の参加者に共有された。

しかしその後は、中心的な役割を担っていた政治家が亡くなったり引退して、土井たか子衆議院議員の「アジアの軍縮」の提起も反響を呼ぶことなく、日本における「周辺事態法」が成立するなかで、国内での会議をもって終焉を迎えた。

(3) ボスニアの経済制裁視察とアウシュビッツへの旅

一九九四年九月一八日から二四日にかけて、暉峻淑子日本女子大学教授（当時）の案内で、自民党の小杉隆衆議員議員と私、下斗米伸夫法政大学教授、首藤信彦東海大学教授は、ユーゴスラビアのボスニアを訪問した。

旧ユーゴスラビアは、クロアチア、セルビア、モンテネグロ、ボスニア・ヘルツェゴビナ、スロベニア、マケドニアと解体し、国内の紛争は民族浄化の名のもとに大量虐殺の様相を帯び、国連はセルビア勢力に対し経済制裁を課して平和を創ろうとしていた。セルビア人に対する国連の経済制裁の実情を視察することが目的であった。セルビア人から性的暴力を受けたクロアチアの女性たちを支援していた久保田真苗参議院議員から「どうしてセルビアに行くのか、クロアチアへの暴虐を知らないの」と忠告を受けた。今ならウクライナに侵攻したロシアに調査に入るようなものだったのかもしれない。

経済制裁の状況は悲惨であった。病院では緊急手術もできず、患者のそばに座り続けるしかない医者、シーツも取り替えられない不潔なベオグラード市民病院。電気もなく、薬もなくて、拘束される精神病患者たち、死を待つしかない小児がんの子ども、ガソリンが無くて動かない救急車、市民には一日一回ジャガイモ一個の薄いスープと固い黒パンしか配給できない。闇市の横行、戦闘でレイプされる多くの女性、難民が街角にあふれかえっている。大学では若い人が夢を持つこともできず過激な思想に染まっていく。経済制裁は直接指導者層に打撃を与えるものでなく、犠牲者は老人、子ども、障害者、女性たちである。弱い人たちを直撃する「もう一つの戦争」だと思った。経済制裁は、第一次世界大戦以後、戦争を終わらせる外交上の手段として、多く使われているが、わたしたちは経済制裁に加害の意識はあるだろうか。

銃弾の鳴るなか、ボスニアの指導者カラジッチ氏らと会って、「領土の分割の和平案」を聞き、それを村山首相に伝えて、経済制裁に参加している日本による経済制裁の実態調査と平和的紛争解決の外交努力を要請したが、実を結ぶことはなかった。

また、私は別の視察団に加わって、ポーランドのクラクフからアウシュビッツとビルケナウ強制収用所を訪れたが、その衝撃は忘れられない。世界はなぜナチスのジェノサイド（集団虐殺）を止められなかったのだろうか。戦争は、人間の尊厳を冒し、残虐の限りが尽くされて、「すべてを奪う」と痛感した。戦争は始まる前に止めることが大切である。

第2章 「平和的生存権」立法構想

1 平和的生存権を根拠にした裁判

(1) 長沼ナイキ基地訴訟

札幌地方裁判所判決 一九七三(昭和四八)年九月七日

平和的生存権をめぐる判決の嚆矢は長沼ナイキ基地訴訟である。

北海道夕張郡長沼町に、航空自衛隊の「ナイキ地対空ミサイル（当時米軍が導入していた高中度防空ミサイルシステム「ナイキ・ハーキュリーズ」の自衛隊仕様）基地（のちの長沼分屯基地）」を建設するため、農林大臣長谷川四郎は建設予定の水源涵養保安林について、森林法に基づき国有保安林の指定を解除した。これに反対する住民が平和的生存権の侵害を根拠に、自衛隊は違憲であるから公益性はなく、洪水の危険性が高まるとして「自衛隊違憲、保安林解除違法」として行政処分の取消を求めた。札幌地方裁判所福島重雄裁判長は、「自衛隊は憲法九条の禁ずる陸海空軍という戦力に該当し違憲」であるとして保安林解除処分を取り消し、「保安林指定解除処分とナイキLP発射基地の設置により、一朝有事の際にはまず相手国の攻撃の第一目標になるものと認められるから、「平和的生存権」は侵害される危険がある」「しかもこのような侵害はいったん事が起きてからでは救済が無意味に帰するか、あるいは著しく困難になることもまた言うまでもない」と、原告の訴えの利益を認めた。判決は、「平和的生存権」は、「国民一人ひとりが平和のうちに生存し、かつその幸福を追求することができる基本的人権である」と明確に判示した。

判決は、軍事力によらない自衛行動可能性について、i 外交交渉による回避、ii 警察による排除iii 民衆蜂起、iv 侵略国民の財産没収や右国民の国外追放など、その他国際連合も含めて数多くの方法があるとし、「英知と努力によって数多くの種類と方法を見出すべきである」と述べている。

一九七六（昭和五一）年八月五日札幌高等裁判所は「住民側の訴えの利益（洪水の危険）は、防衛施設庁のダムによって補填される」として原告の請求を棄却。最高裁も上告を棄却した。

(2) 湾岸平和訴訟　名古屋地方裁判所判決　一九九六(平成八)年五月三一日

一九九一（平成三）年三月二五日、原告ら四六七名は、名古屋地方裁判所に対し、政府が湾岸戦争に一一〇億ドルを支援したことに関し、「戦費支出による平和的生存権侵害に基づく損害賠償請求事件」を提起し、一人各一万円の損害賠償を求めた。これは、「市民平和訴訟」と呼ばれた。なお、全国では東京、大阪、福岡、神戸、浦和、長野、広島、鹿児島の地で、差し止め及び損害賠償請求事件が提訴された。

争点はi 政府は湾岸に向けて、在日米軍も含めて「多国籍軍」へ兵士を派遣、「砂漠の嵐」作戦と命名した大規模なイラク攻撃の軍事支援のため戦費を支出したことは、戦争への加担を拒否したいと願う原告らの平和的生存権を脅かした。

ii　使途は直接戦争行為に使用されるか後方支援に支出されるか不可分一体であり、マネーロンダリングルートとして「湾岸平和基金」に資金を支出しても、戦争を支援するための「戦費」にほかならない。戦費調達は戦争を継続するためもっとも基礎的かつ直接的な戦争参加行為である。これらの支出は憲法九条違反である。

iii　多国籍軍は国連憲章にいう「国連軍」ではない。そして湾岸危機が武力により引き起こされたことは、例え核兵器が使用されなくても、最先端ハイテク技術で作られた武器、軍事装備は極めて残虐な大量殺人兵器が使用されて空爆により数十万人に上る民間人の殺傷、原子炉の破壊、原油流出など環境破壊を全世界規模で及ぼす危険性がある。国は憲法九条によりこの戦争を阻止すべきであった。

平和的生存権は、憲法前文、戦争戦力放棄の憲法九条、憲法一八条（徴兵拒否を含む）、憲法一九条、憲法二五条（生存権保障）、憲法一三条（生命の自由と幸福追求権）を法律大系として保障されている。

戦費調達は戦争に「加担しない権利」「加害者とならない権利」「殺さない権利」、それを強制されない自由、納税者の権利を侵害している。

これらの権利は、すべて個人の尊厳に立脚していて、法的権利性を持ち、裁判規範として働く。

「戦争」を立証する訴訟の中で、私は原告近藤一（大正九年生、沖縄戦を語る兵士の会）の証人尋問（平成七年七月二一日）を担当した。兵士の側から見たリアルな沖縄戦の証言は、いまのウクライナの戦況を彷彿とさせる。戦争の悲惨と慟哭は普遍性をもつ。沖縄戦を最下層の兵士として戦った近藤証人の証言の要旨は次のようである。

「私は中国上海より一九四四年八月一六日沖縄に配置されました。沖縄戦において米軍は総勢約五四万八千名、迎え撃つ日本側約一〇万。私の部隊は石兵団という手榴弾を武器として、嘉数《かかず》高地陣地を守っていました。アメリカ軍の攻撃は、朝八時ころから三〇分から一時間、もうすごい艦砲射撃と砲爆撃、ロケット砲、野重砲、地上の生きているもの全部飛んでしまう、なくなってしまうほどのすごいものです。それがぴたりと止みますと、戦車が五台、一〇台、一五台と並んで押し進んできます。戦車一台の後ろに二〇名から三〇名の歩兵がついてきます。日本軍は、前夜に陣地の三〇から五〇メートル前に蛸壷（穴）を掘り、そこに手製の一〇キロ爆雷を抱えた兵士が一、二名ひそみ、戦車が押し寄せてくると二〇から三〇メートルの地点から爆弾を投げ込むか抱えたまま飛び込む。戦車の方からは戦車砲と機関砲をむやみに撃ってくる。アメリカ歩兵が日本兵を撃ち殺す。戦車はぐるぐる走りまわるから、そこでの負傷兵はもうみんな踏みつけられる。アメリカのカービン銃は引き金を引くと一五から三〇発連続して出るが、日本は三八式歩兵銃で五発を装填して一発づつ打つ。日本兵の犠牲が多くなる。戦闘に入れば、もう頭の中は真っ白でしゃにむに立ち向かう。私は、夜明けの奇襲にあい、負傷しました。肩を射抜かれて意識不明となり、気がついたら雨のなか、銃弾が飛び交い、周囲は日米の兵士の死骸やうなっている負傷兵でいっぱいで、ようやく這って岩石の下に身を隠しました。夕方になって、砲弾が止み、死体収容の駐在員に発見され、野戦病院へ運ばれました。艦砲射撃がないときに、日本軍は死体収容、食事の準備、伝令その他をやる。野戦病院では、くだかれた鎖骨に赤チンを塗り、ガーゼを当てておくだけ。野戦病院の上にも砲弾が落ち、せっかく連れてきた負傷兵も飛んでしまう地獄でした。二〇日ほどで傷口がふさぎ、中隊復帰せいとの命令で首里の前線末吉の陣地へ行きました。そこでのアメリカの戦法は、守備をしている穴の陣地へ爆撃を繰り返し、土で濠を埋めたあと、その上から穴をあけてガソリンを流し込んで火をつけ、なかの日本兵を蒸し殺すのです。ガリガリと音がしたので陣地を守れという軍の命令に違反して中隊長の指示で脱出しました。伍長は「こんな戦争で犬死みたいなことで我々は死んでいくのか。耐えられない」と嘆いていました。

六月一八日大隊長玉砕、中隊長は兵士を見捨てて後方へ下ってしまい、兵士には、「ゲリラ戦を続行せよ」という伝令がきました。海岸線の方へ下りれば、住民の人もいるから何か食べ物をもらえるかもと、残った日本兵のもとへ行き「乾パン一つくれんか」と言ったら、「お前らにやる食べ物は何もない」。壕の中で休ませてくれと言ったら銃を差し向けられて「駄目だ、出ていけ」と言われました。

私たちは歩兵だから「バンザイ突撃して死のう」と仲間三人で銃をかまえて海岸に向かって走ったのですが、お腹が減っていてよろよろでした。アメリカ兵五、六人が現れて銃をつきつけたので、中国では捕虜は一人も残さず殺したから、自分も当然殺されると思ったので、「最後に水をくれ」と言ったら、アメリカ兵は自分の持っていた水筒をくれました。私はあれっと思いま

した。私たち日本軍は中国の捕虜には情けはかけませんでした」（ルビ：引用者）

彼は最後に「憲法に生きる――本当にいいな。よかったな。これで沖縄であの無残な死に方をしたものも浮ばれる。本当に有難いという想いでした」「ふぬけにされている憲法九条でも、ふぬけにされてでも九条があればどこかで踏みとどまれる。杭が打たれるわけです」と言った。日本軍の上層部がいかに兵の命に無頓着だったのか、「一銭五厘」といわれた兵士たちの無念さが分かる。

判決は憲法の平和主義原則および憲法九条の規定は、「一般的抽象的理念の宣言にとどまるものであって、平和的生存権としての具体的請求権を基礎づけると解するには、あまりにもその権利内容の具体性、特定性を欠く」「納税者基本権については、「裁判規範性」のある実定法上の既定が見当らない」と判示した。

(3) イラク自衛隊派兵違憲訴訟

二〇〇三（平成一五）年、アメリカを中心とする有志連合は、イラクへの武力侵攻を開始、アメリカは日本にも地上部隊派遣を求めた。時の政府（小泉政権）は、イラク特別措置法を制定し、航空自衛隊、陸上自衛隊がイラクに派遣された。この自衛隊海外派兵が憲法九条違反として、名古屋、大阪、仙台、宇都宮、東京、甲府、静岡、京都、岡山、熊本で訴訟が提起された。

i 名古屋地方裁判所判決（田近判決）二〇〇七（平成一九）年三月二三日

判決は平和的生存権は直ちに具体的権利とはいえないとしながらも、「平和的生存権は、すべての基本的人権の基礎にあってその享有を可能ならしめる基底的権利であり、憲法九条は、かかる国民の平和的生存権を国の側から規定しこれを保障しようとするものであり、また、憲法第三章の基本的人権の各規程の解釈においても平和的生存権の保障の趣旨が最大限に活かされるよう解釈すべき」であって、「憲法九条に違反する国の行為によって個人の生命、自由が侵害されず、又侵害の危機にさらされない権利、同条に違反する戦争の遂行ないし武力の行使の目的のために個人の基本的人権が制約されない権利が、憲法上保障されているものと解すべきであり、その限度では、他の人権規定と相まって具体的権利性を有する場合がありうる」「憲法前文及び九条の法文並びにそれらの歴史的経過に鑑みれば、憲法の下において、戦争のない又は武力行使をしない日本で平穏に生活する利益（中略）が法的保護に値すると解すべき場合がまったくないとはいえず、憲法九条に違反する国の行為によって生活の平穏が害された場合には損害賠償の対象となり得る法的利益（人格権ないし幸福追求権）の侵害があると認めることもまったく不可能なことではない」と述べて、平和的生存権もしくは人格権の侵害による損害賠償の可能性を示唆した。

ii 名古屋高等裁判所判決（青山判決）二〇〇八（平成二〇）年四月一七日

判決は、「差止訴訟については当事者適格がない」「損害賠償請求については被侵害利益が未だ生じていない」として原告の請求を退けた。その一方で航空自衛隊のイラクでの活動が憲法九条に違反する違憲なものであると認定した。青山判決は、イラク現地での航空自衛隊の活動の一部は他国による武力行使と一体化した行動であって、武力行使を禁じたイラク特措法及び憲法九条に違反しているとして、平和的生存権について次のように述べた。

「平和的生存権は、現代においては憲法の保障する基本的人権が憲法の基盤なしに存立し得ないことからして、すべての人権の基礎にあってその共有を可能ならしめる基底的権利であるということができ、単に憲法の基本的精神や理念を表明したに留まるものではない」「平和的生存権は、局面に応じて自由権的、社会権的又は参政権的態様をもって表れる複合的な権利ということができ、裁判所に対してその保護・救済を求め法的救済措置の発動を請求し得るという意味における具体的権利性が肯定される場合があるということができる。たとえば、憲法九条に違反する国の行為、すなわち戦争の遂行、武力の行使や、戦争の準備行為等によって、個人の生命、自由が侵害され又は侵害の危機にさらされ、あるいは、現実的な戦争等による被害や恐怖にさらされるような場合、また、憲法九条に違反する戦争の遂行等への加担・協力が強制されるような場合には、平和的生存権の主として自由権的な態様の表れとして、裁判所に対し当該違憲行為の差止請求や損害賠償請求等の方法により救済を求めることができる場合があると解することができ、その限りでは平和的生存権は具体的権利である」

iii 岡山地方裁判所判決（近下判決）二〇〇九（平成二一）年二月二四日

青山判決の翌年、岡山地方裁判所近下秀明裁判長は、損害賠償請求を認めるに足りる法益侵害が生じたといえないとして原告の訴えを退け、自衛隊イラク派遣の違憲性の判断には踏み込まなかったが、平和的生存権の権利性については、さらに踏み込んだ判断を示した。

判決は、平和的生存権の裁判規範性（具体的権利性）について「憲法前文第二項で「平和的生存権が『権利』であることが明言されていることからすれば、その文言通りに平和的生存権は憲法上の『権利』であると解するのが法解釈上の常道であり、また、それが平和主義に徹し基本的人権の保障と擁護を旨とする憲法に即し憲法に忠実な解釈である」と述べ、裁判規範性を肯定した。そして百里基地訴訟最高裁判決については「平和」が私法上の行為の効力の判断基準とならないとするもので、平和的生存権を否定するものではない、とし、平和の概念が抽象的不明確であるとの批判に対して幸福追求権についての規定と変わりがないと述べ、具体的権利性を否定する論拠にはならないとした。

また、「平和的生存権については、法規範性、裁判規範性を有する国民の基本的人権として承認すべきであり、本件における原告らの主張をかんがみれば、平和的生存権は、すべての基本的人権の基底的権利であり、憲法九条はその制度規定、憲法第三章の各条項は、その個別人権規定とみることができ、規範的、機能的には、徴兵拒絶権、良心的兵役拒絶権、軍需労働拒絶権等の自由権的基本権として存在し、また、具体的に侵害された場合等においては、不法行為法における被侵害利益としての適格性があり、損害賠償請求ができることも認められるというべきである」としている。

(4) 安保法制違憲訴訟

二〇一四（平成二六）年七月一日、政府（安倍政権）は、集団的自衛権一部行使容認の閣議決定「国

の存立を全うし、国民を守るための切れ目のない安全保障法制の整備について」を行い、一五年九月一九日未明、「新安保法制」を強行採決で成立させた。本来、憲法改正という正規の手続を経ることなく、実質的な憲法改定が内閣による解釈改憲という「政治的手法」によって実現された。安保法制違憲訴訟は、「国賠訴訟」と「差止訴訟」という二つの形態で争われている。一六年四月の東京より、福島、高知、長崎、大阪、岡山、埼玉、長野、神奈川、広島、福岡、京都、山口、大分、札幌、宮崎、群馬、釧路、鹿児島、沖縄、山梨、愛知の二一の地方裁判所で二五件の訴訟が提起されている。愛知(名古屋)では、一八年八月二日提訴、原告一三一一名、代理人三六名、三名の証人(飯島滋明、小西博之、布施祐仁)が二二年四月二一日の聴取を終え、一五名の原告が意見陳述した。結審は、一〇月二八日、判決は二三年三月の予定である。愛知において違憲訴訟の原告となったノーベル物理学賞受賞者の故益川敏英京都大学名誉教授は、「陳述書」において「戦争ができる国になってからでは遅い。戦争が始まってからでは遅い。そのためにも憲法九条を守らなければならない」と述べた。

新安保法制の違憲性は、従来の政府の憲法九条の解釈「自衛権発動の三要件」を踏み越えて、集団的自衛権の発動を許容し、他国の領土、領海、領空でも武力行使を可能としたことにある。これまでの政府の考えでは、「自衛隊は外国から武力攻撃を受けた場合にこれを排除して国民を守るための必要最小限の実力組織であるから、九条二項にいう武力にあたらない」「したがって、自衛隊が武力を行使できるのは、わが国が武力攻撃を受けた場合に限定され(専守防衛)、集団的自衛権による海外での武力の行使は許されない」とされてきた。

武力行使の三要件は、ⅰ我が国に対する急迫不正の侵害（武力攻撃の発生）、ⅱ排除するために他の適当な手段がない、ⅲ必要最小限の実力行使に限る、であった。

しかし、新安保法制では、次のように変更された。ⅰ我が国に対する武力攻撃が発生したこと、又は我が国と密接な関係にある他国に対する武力攻撃が発生し、これにより我が国の存立が脅かされ、国民の生命、自由及び幸福追求の権利が根底から覆される明白な危険があること、ⅱこれを排除し、我国の存立を全うし、国民を守るために適当な手段のないこと、ⅲ必要最小限度の実力行使にとどまるべきこと。

これらの三要件については「限定性の乏しい極めて曖昧な要件」である。

ⅰ「存立危機事態」の定義の曖昧さ、自衛権の発動を制限する明確な判断基準が示されていない、ⅱほかに適当な方法とは、一般的に外交交渉、経済制裁等が考えられるが、困難な判断を求められる、ⅲ必要最小限といっても新安保法制に伴って改定された「新ガイドライン」は、「アジア太平洋地域及びこれを越えた地域」の平和、安定の指針を目的として掲げているため、これまでの「日本及び周辺事態」への対処を対象としていたのと異なり、対象が世界に広がっている。日米の軍事的緊密化、共同化が始まった。この結果自衛隊の軍隊化、新安保体制の立法行為によって、平和的生存権と人格権の侵害がなされたことが訴訟提起の根拠となっている。

この訴訟では、日本国民のおかれた戦争と軍事的危険性を問い、憲法改定の国民主権性と、平和的生存権・人格権の侵害による個々人の精神的苦痛を問う。これまでのところ、下されたすべての判決は憲法判断を回避している。

2　平和的生存権の学説の発展

通説は、平和的生存権は、理念的自然法的な権利であって、具体的個別的な実定法上の権利ではないとする。

平和的生存権を実定法上の権利として認める代表的見解は次の通りである。

i　深瀬忠一著『戦争放棄と平和的生存権』（岩波書店、一九八七）は、憲法の平和条項の制定過程を再検討し、国際的要因として、ポツダム宣言の非軍事化、アメリカ政府の政策、とりわけGHQの憲法制定にかかわった人たちの条項案の検討過程を検証した。国内的要因として、日本国民の戦争体験、戦前の平和思想と努力の継承、幣原喜重郎首相の働きかけ、帝国議会の憲法草案の審議過程から日本国憲法の平和原則の普遍性と独創性に着目する。とりわけ国連憲章下の平和への法思想＝戦争の非合法化と憲法九条と前文の法規範性第三章人権規定を結合して、戦争と軍備による侵害、圧迫から免れる「平和的生存権」を人権として保障する見解に立つ。

ii　星野安三郎東京学芸大学教授によれば、「日本国憲法は平和的生存権を保障する規範の全体である」という。

iii　杉原泰雄一橋大学教授は、「（憲法）九条のもとで生存する権利、九条に反する国家行為については他の人権規定と媒介することなく、つまり他の人権の侵害を要件とすることなく、この権利自体をもって足りうる」と述べた。

iv 山内敏弘一橋大学教授によれば、「狭義の平和的生存権とは、平和のうちに生存する権利あるいは生命を奪われない権利、広義の平和的生存権は戦争の脅威と軍隊の強制から免れて平和のうちにもろもろの人権を享受し得る権利で、世界の人権発展史上の新しい人権である」と述べる。

v 浦田一郎早稲田大学教授は「平和的生存権は九条と結合して、非軍事的手段によって平和的生存を図る人権」であるとした。

vi 浦部法穂神戸大学教授によれば、「平和的生存権は国による平和の疎外行為そのものを排除する権利」とする。

vii 辻村みよ子東北大学教授は、「前文と憲法九条が結合して平和的生存権は生命、自由への侵害の排除と平和的環境の維持、平和的環境での生存を請求する権利」であると述べた。

viii 小林武愛知大学名誉教授は「平和的生存権は、法規範性、裁判規範性を有する国民の基本的人権として承認すべきであり、平和的生存権はすべての基本的人権の基底的権利として、徴兵拒否権、良心的兵役拒否権、軍需労働拒絶権、絶対権等の自由権的基本権と具体的に侵害された場合の不法行為の被侵害利益となって損害賠償請求が認められる」とする岡山地裁判決（二〇〇九（平成二一）年二月二四日）を高く評価し「自衛隊員が派遣命令に抵抗しうる根拠が提供されている」とみる。小林のイラク派兵違憲訴訟の名古屋高等裁判所における証人調書（小林武『平和的生存権の展開』日本評論社、二〇二一、三〇二頁）は参考になる。

viii 上田勝美龍谷大学教授は、憲法前文と憲法第三章を連結する「生命権」こそ「人権体系論を論じる場合、最重要な根源的権利」として「生命権を核心とする平和的生存権」は、憲法一三条の「幸福追求権」と同義であるとした。

3 平和的生存権の立法構想

(1) 平和的生存権保障基本法試案の作成

私は、二〇〇四年はじめ、小泉政権下で成立した「有事法制」に対して「平和的生存権保障基本法」骨子案(第一次案)を発表した。この法案は、軍事化の流れのなかで、人権として「平和的生存権」を国家が保障することにより、平和を創出し、紛争を平和的手段により予防・解決する国を目指そうとする「国づくり」構想であった。骨子案では、国民は、平和を創出するために活動する権利と軍事や武力に加担しない権利を有し、コインの裏側として、差別のない公平な「多元共生社会」を対話と寛容で創ろうとするものである。自衛隊は、災害救助、沿岸警備、非暴力の国際協力の役割に分割縮小して、基本的には住民の生命、身体、財産を守る「不偏不党、中立」の「警察力」として構成しようとした。私は、骨子案を社会民主党憲法委員会に諮《はか》ったが、「現実に合わない」「ユートピアだ」として政党案としては合意をみなかった。

「平和的生存権」は、憲法前文、憲法九条、憲法一一条以下に定められた人権規定の保障から紡ぎだされる「恐怖と欠乏から免れて平和のうちに生存する権利」であって、人類の持つ普遍的根源的権利として、日本国の平和憲法（非戦憲法）の魂である。前述したように、二〇〇八年四月一七日名古屋高等裁判所は、自衛隊のイラク派兵の違憲を問う国家賠償請求訴訟において、「平和的生存権は、現代において、憲法の保障する基本的人権が平和の基礎なしには存立しえないことからして、すべての基本的人権の基礎にあって、その享有を可能ならしめる基底的権利であるということができ、単に憲法の基本的精神や理念を表明したにとどまるものではない。――平和的生存権は、局面に応じて自由権的、社会権的または参政権的な対応を持って表れる複合的な権利ということができ、裁判所においてその保護・救済を求め法的措置の発動を請求しうるという意味における具体的権利性が肯定される場合があるということができる」と判示している。

国連では一九九四年、「国連開発計画報告書」において、「安全保障」を国家の側からではなく、人間・民衆の側からとらえ直す「人間の安全保障」の概念が生み出され、二〇一二年九月一一日国連総会の「人間の安全保障に関する国連決議」、一六年一二月一九日国連総会の「平和への権利宣言」が採択された。「宣言」は、「すべて人は平和を享受する権利を有する」「恐怖と欠乏からの自由を保障される」と規定している。私は憲法九条の二に加憲すべきは「自衛隊の明記」ではなく、平和的生存権の明文化こそ、日本の未来を指し示すものと考える。

二〇一五年九月一九日安倍政権は、「平和安全保障法制」として自衛隊法をはじめとする一〇本の法律を一括して採決し、国家の存立が危うい時には集団的自衛権の限定的行使を容認した。これまで内閣法制局の長年の理論的作業を通して、自衛隊は専守防衛のための必要最小限の実力組織として

「合憲」であるとされてきた政府解釈を変更し、限定的集団的自衛権の一部行使を容認した。二〇一七年一二月、私は「体験的安全保障法制論」（『ジェンダー法研究』第四号、二〇一七）のなかで、「平和的生存権保障基本法骨子案」（第二次案）を発表した。

本書における「立法構想」は、立法の分野において、「憲法改正案九条の二」と「平和的生存権保障基本法」骨子案（第三次案）を結合させ、第二次案に新たな補充と修正を加えて、提示するものである。

いま必要なのは、軍事力による平和ではなく、武力によらない平和を求めて活動する人たちの人権保障である。戦争の惨禍の体験は、軍事力は「愚かな力」であることを歴史的体験として教えている、と思う。軍事力による抑止は、必然的に軍拡競争を招く。軍事力の容認と民主的コントロール、専守防衛等の軍事力中心の多くの改憲案に対して、あえていま、憲法改正案と平和的生存権保障基本法案の骨子案を提示したい。なお、「平和的生存権」を憲法九条二に加憲する意味は、法規範として「平和的生存権」を認容しつつ平和的生存権保障基本法案の憲法上の根拠として示したものである。現在の憲法改正運動に対して護憲側が政治的に「改憲しないこと」を統一目標としている現状において、あえて政治的目標として掲げようとする意図はないことを付記する。

(2)「抵抗権条項」の明記

私が抵抗権を「憲法に内在する権利」として実定法秩序に組み込むことに挑むべきではないか、という示唆を受けたのは、沼田稲次郎都立大学教授（当時）からであった。沼田は、「闘争の権利についての論文（『恒藤先生古希記念論文集 法解釈の理論』所収、一九六〇）において「もとより革命運動をする権利というものが、それとして実定法において認められるということはない」とし、「制度化された抵抗権」が、立法者、裁判官、あるいは行政官によって、運営されるならば、そこでは「抵抗権の存在理由は極限まで小さくなっている」という宮沢俊義の指摘を「示唆深いと思う」と肯定した。そして、抵抗権の存在理由をますます顕在化させている現実の「民主制のなかで「殉教にまで至る犠牲」を持って正当性のしるしとするほどに英雄的な責任感に燃えていない多くの大衆が「憲法の認める抵抗権に気の弱い期待をかけているという事実は否定できない」「スクラムを組み、組合旗の下に、インターナショナルの歌をもって憲法の保障している団結権や団体行動権を行使しているというのも事実である。ことに官憲が武装して「警戒」の配置についていたり、スト破りを支援して警官がピケラインに襲いかかるとき、争議は抵抗権と団結権を同次元で感じ取るのであるまいか。もとより、ピケットの行動は法理的には違法か合法かの問題である。だが、見逃しがたいことは、『憲法の認める抵抗権』という概念が国民の中に法思想として芽生えて来ているということである」と述べている。

この言葉は争議の現場に立ち、組合員の逮捕を避けるために、合法的ピケットについて「肩より上に手を上げない。相手を罵倒しない。スクラムを組んで押されたらもとの位置まで押し返す。ひとりで列より前に出ない」と叫んでいた私の「実感」につながるものであった。

「たしかに憲法の法認する抵抗権は、具体化すればもはや抵抗権たることを止めるという宿命をもつ」としても、抵抗を権利として創設することには意味があり、「違憲の権力行使に対する抵抗権は、すでに権利として内在化していて「規範的効力」をもつ」と考える。そして抵抗権の政治的効果として立法府や内閣に対する執拗なる説得となる。

樋口陽一著『近代立憲主義と現代国家（新装版）』（勁草書房、二〇一六）において、抵抗権の論争は、「実定法上の権利」と「自然法上の権利」の問題をはっきりと区別し、それぞれの論理構造と歴史的性格について明確な認識をもつことから、出発しなければならない」と述べ、「二つの「抵抗権」を明確に区別しておかないと実定法上の抵抗権の問題によって「抵抗権」の問題が汲みつくされたと考えられてしまう。つまり今日、実定法上の権利だとその争いは裁判所（あるいはその他のなんらかの国家機関）の公権的判断によって法的に決着づけられることになるが、その公権的判断になお抵抗しようとするとき、どうするか、という深刻な問い自体が欠落してしまう」と指摘する。実定法化された抵抗権は、「合法性に挑戦する正当性」をもつと考えるべきであり、それは、「批判の武器」となり、護身の術となる。

確かに実定法上の権利が、自然法上、革命をも包括する抵抗権＝圧制に対する抵抗を制約するという法理はない。樋口は、歴史の諸段階における抵抗権を検証し、「実定憲法が少しずつ崩壊していくそのときに、個々の違憲行為に対抗する行動を期待するものとして、その限りにおいて効果的なのであり、効果の射程を正確につかんでおかなければならない」と強調する。確かに全体主義的ファシズムのもとでは、抵抗権の機能は抑圧される危険があり、憲法秩序が崩れゆくとき以上の効果は期待できない。

骨子案に明記した「平和的手段による抵抗する権利」は、「非暴力抵抗」を意味し、不服従抵抗も含む。非暴力は「権利行使の態様の記載とも解される」との法制局の検討もあり、立法例を参照して「平和的手段」の言葉を用いた。しかし「平和的手段」は、静的固定的に解釈するものではなく、あくまで権力等支配側の権力行使との相関関係のなかで流動的かつ相対的に解釈されるべきである。したがって受動的な防衛的抵抗は、正当防衛と緊急避難と同様に、違法性を阻却すると解する。最近では、デモすら暴力的とみなされ、威力業務妨害とみなされる傾向があるが、あくまで「非暴力抵抗」は市民的自由など基本的人権の自覚的集団的組織的行使であり、示威を必然的に伴う。とくに「平和的生存権」の侵害は、「財産権」や「慰謝料」と異なり、事後的損害賠償の補填のみでは不十分である。紛争妨害の予防や禁止、原状復帰を射程にいれた平和的対抗手段としてとらえるべきであり、基本法案三、「国民の権利」として規定した。立法例としては、「児童福祉法一条」を参照している。

(3) さまざまな法案要綱試案

これまでいくつかの未来の「日本の国のかたち」をめぐって法案要綱試案が提示されている。一九八七年五月三日和田英夫編『平和憲法の創造的展開――総合的平和保障の憲法学的研究』(学陽書房、一九八七)内の「総合的平和保障基本法試案」、二〇〇八年八月フォーラム平和、人権・環境編の前田哲男(ジャーナリスト)、児玉克哉(三重大学文学部教授)、高橋達也(ピースボード共同代表)、飯島滋明

（名古屋学院大学講師）らの起草による「平和基本法」は、積極的護憲の立場から、最小限防衛力から軍縮プログラムへ、非軍事的国際貢献による二一世紀の人間の安全保障を目指すものである。一五年超党派の議員連盟である「立憲フォーラム」は、「国際的な協調と共存を図るための平和創造基本法」（要綱素案）を発表しているが、基本理念として「国際協調の促進、人間の安全保障の確立を通じた平和的生存権の保障」を掲げている。私の人権中心の立法構想案に対して「平和の創造」「専守防衛」「抑制的自衛隊と民主統制」を中心的概念に据えた現実対応型となっている。渡辺治他編『日米安保と戦争法に代わる選択肢　憲法を実現する平和の構想』（大月書店、二〇一六）は、安保条約のない日本と「新福祉国家」を構想し、また、寺島俊穂著『戦争をなくすための平和学』（法律文化社、二〇一五）は、市民の国境を越えた非暴力の協力関係のもとで、「地球市民社会」（世界連邦）を構想している。

4　平和的生存権保障基本法案（骨子案）

(1)「平和的生存権」に関する憲法改正案

第九条の二

「すべて国民は、戦争その他武力紛争の惨禍をはじめとするあらゆる恐怖と欠乏から免れ、平和のうちに生存する権利を有する。この権利は、すべての基本的人権を保障するための最も根源的な権利であって、国は、これを脅かす事態を予防・除去し、平和の創出に努めなければならない。

② 平和を創出するための国の施策、平和の創出に資する国民の活動その他前項の権利の保障に関し必要な事項は、法律で定める。」

(2) 平和的生存権保障基本法案〈骨子案〉

前文

我々は、日本国憲法の前文において、恒久の平和を念願し、全世界の人々が平和のうちに生存する権利を有することを確認した。

そもそも基本的人権は、平和が確保されなければ享受することのできないものである。したがって、全世界の人々が有する平和のうちに生存する権利は、日本国憲法第九条と相まって、二〇世紀の二度にわたる世界大戦のおびただしい犠牲の上に獲得された人類の叡智であるとともに、基本的人権を保障するための最も根源的な権利にほかならない。

しかるに、今日、核兵器をはじめとする大量破壊兵器の増大、民族間及び宗教間の紛争の多発のみならず、先進工業国による資源の浪費と地球環境の破壊、先端的テクノロジーによる生命倫理や経済倫理の動揺、世界的な貧富格差の拡大と飢餓人口の増大等が深刻な問題となり、平和的生存権が人類規模でますます脅かされている。

日本国憲法は、こうした状況をその制定時において予見するとともに、二一世紀における世界の改革目標をいち早く実定化した先駆的な意義を持つものである。

この先駆的な日本国憲法の下で、我が国は、第二次世界大戦後の七十余年の間、戦争の惨禍を免れてきた。

国際社会においても、二〇一二年九月一〇日に国際連合総会において人間の安全保障に関する決議が、二〇一六年一二月一九日に国際連合総会において平和への権利宣言が、また二〇一七年七月七日に国際連合の会議において核兵器禁止条約が採択されるなど、平和に向けた取組が行われているが、平和的生存権に対する脅威はいまだ解消されていない。

これらの平和的生存権を脅かす事態を解消することは、先駆的な日本国憲法を有する我が国においても、国、地方公共団体等の基本的な責務であるばかりでなく、社会全体の責務として自覚されなければならない。なぜなら、平和的生存権の保障には、権利主体である全ての人とそれらの人々で構成する諸団体が、国等に対し平和を創出するための措置を求めるばかりでなく、平和の創出に資する活動を進んで行い、戦争その他の武力紛争にも、それが発生するおそれを助長することにも加担せず、異なる民族、文化、宗教等との共生に不断に努めるという主体性が不可欠だからである。

ここに、平和的生存権の保障に関する施策について、その基本理念を明らかにするとともに、これを総合的かつ計画的に推進するため、この法律を制定する。

第一　総則

一　目的

この法律は、平和的生存権の保障に関し、日本国憲法の理念にのっとり、基本理念を定め、並びに国、地方公共団体及び国民の責務を明らかにするとともに、平和的生存権の保障に関する施策の基本となる事項等を定めることにより、平和的生存権の保障に関する施策を総合的かつ計画的に推進することを目的とすること。

二　定義

(1)　この法律において「平和的生存権」とは、人が恐怖と欠乏から免れ、平和のうちに生存する権利をいうこと。

(2)　この法律において「平和」とは、武力紛争及びその発生のおそれがなく、かつ、全ての人が個人として尊重される社会が実現された状態をいうこと。

(3)　この法律において「武力紛争」とは、戦争、武力の行使又は武力による威嚇が行われることをいうこと。

(4)　この法律において「武力紛争の構造的要因」とは、異なる国家又は地域、民族、文化、宗教等の間の相互信頼関係を損なうことによって、人々が脅威を受けることとなる貧困、差別、環境破壊その他の問題をいうこと。

(5)　この法律において「平和創出国家」とは、自国の国民のみならず、世界の人々の平和的生存権が保障されるように努める国家をいうこと。

(6) この法律において「多元共生社会」とは、異なる民族、文化、宗教等との間の相互理解と信頼醸成が平和的生存権の保障に直結することに鑑み、多様な価値観と生活様式が共存する民主的な社会をいうこと。

三 国民の権利

国民は、平和的生存権の不当な侵害に直面するに当たっては、その侵害に対して平和的手段により抵抗する権利を有すること。

四 平和的生存権の保障に関する基本理念

平和的生存権の保障に関する施策は、次に掲げる事項を旨として行われなければならないこと。

(1) 全ての人が等しく平和的生存権を享有する個人としてその尊厳が重んぜられ、人種、国籍、信条、性別、社会的身分、門地、教育、財産又収入によって差別されないこと。

(2) 平和的生存権の不当な侵害に抵抗するため、三、の権利を具体化した次に掲げる権利が保障されること。

(イ) あらゆる武力を完全に放棄すること並びに財政及び資源を軍事目的で利用しないことを国、国際機関及び関係国等に求める市民の権利。

(ロ) 武力紛争の平和的解決、武力紛争の発生するおそれの除去、武力紛争の構造的要因の克服その他の平和の創出（ハにおいて「平和の創出」という。）のための措置を講ずるよう国及び地方公共団体並びに国際機関並びに関係国等に求める市民の権利。

（ハ）平和の創出に資する活動を国の内外において行う市民の権利。

（ニ）武力紛争に直接又は間接に加担しない市民の権利

五　国の責務

(1) 国は、四の基本理念にのっとり、平和的生存権の保障に関する施策を総合的に策定し、及び実施する責務を有すること。

(2) 国は、(1)の施策を策定し、及び実施するに当たっては、非核三原則、武器輸出三原則その他の平和に関する施策の原則を堅持するとともに、平和創出国家の実現及び多元共生社会の形成を積極的に推進することの重要性に、特に留意しなければならないこと。

(3) 国は、(1)の施策を策定し、及び実施するに当たっては、外国政府、国際機関及び平和的生存権に基づく活動を行う国内外の関係者（以下この(3)において「外国政府等」という。）と積極的かつ有機的な連携を図るとともに、必要に応じて、当該外国政府等に対し、協力を要請するものとすること。

六　地方公共団体の責務

(1)　地方公共団体は、四の基本理念にのっとり、平和的生存権の保障に関し、国との連携を図りつつ、条例を制定する等その地方公共団体の社会的状況に応じた施策を策定し、及び実施する責務を有すること。

(2)　地方公共団体は、(1)の施策を策定し、及び実施するに当たっては、その地方公共団体における多元共生社会の形成を積極的に推進することの重要性に、特に留意しなければならないこと。

七　国民の責務

国民は、平和的生存権についての関心と理解を深め、三、の権利を有していることを自覚して不断に平和の創出に努める。

八　年次報告

政府は、毎年、国会に、政府が平和的生存権の保障に関して講じた施策に関する報告を提出しなければならないこと。

第二　平和的生存権保障基本計画

(1)　政府は、平和的生存権の保障に関する施策の総合的かつ計画的な推進を図るため、平和的生存権の保障に関する基本的な計画（以下「平和的生存権保障基本計画」という。）を定めなければならないこと。

(2) 平和的生存権保障基本計画は、次に掲げる事項について定めるものとすること。

① 平和創出国家の実現に関する事項

② 多元共生社会の形成に関する事項

③ 平和的生存権の保障のための基盤整備に関する事項

④ ①から③までに掲げるもののほか、平和的生存権の保障を総合的かつ計画的に推進するために必要な事項

(3) 平和的生存権保障基本計画に定める施策については、原則として、当該施策の具体的な目標及びその達成の期間を定めるものとすること。

(4) 内閣総理大臣は、平和的生存権保障推進会議の意見を聴いて、平和的生存権保障基本計画の案を作成し、閣議の決定を求めなければならないこと。

(5) 政府は、平和的生存権保障基本計画を策定したときは、遅滞なく、これを国会に報告するとともに、インターネットの利用その他適切な方法により公表しなければならないこと。

第三　基本的施策

一　平和創出国家の実現に関する施策

国は、平和創出国家の実現を図るため、次の事項に関し、必要な施策を講ずるものとすること。

1　国内的施策

(1)　あらゆる武力の完全放棄並びに財政及び資源の軍事目的利用の禁止の実現に向けた取組の推進

(2)　(1)の取組の一環として、自衛隊の任務の災害救助、沿岸警備及び国際協力への限定並びに自衛隊の組織の整理及び縮小

(3)　(1)の取組の一環として、全ての駐留軍用地（日本国にあるアメリカ合衆国の軍隊が日米安保条約に基づき使用することを許されている施設及び区域に係る土地をいう。）の返還

(4)　人権・平和教育の徹底

(5)　ODA再評価と国際機関を通じたODAの拡充

(6)　NPO・NGOの国際的活動の支援

2　対外的施策

(1)　次の事項の実現

①　北朝鮮との国交正常化と朝鮮半島の統一への積極的協力

②　日米安保条約及び日米地位協定の解消と「日米平和友好条約」の締結

③　北東アジア多国間安全保障システムの形成

④　北東アジアの非核地帯化

⑤　核兵器及び生物化学兵器等大量破壊兵器の廃絶と軍縮の促進

⑥　武器の国際移転の規制と管理、地雷撤去の促進

⑦　戦時における全ての性暴力の防止
⑧　戦時における全ての児童虐待の防止
⑨　軍隊におけるハラスメントの防止
⑩　国連において我が国が「非核・非武装国家」であることの確認を受けること
⑪　国連改革、特に安全保障理事会とその関連機構の改革
⑫　国連警察の創設
⑬　国際司法機関等による法と正義に基づく武力紛争の平和的解決
(2)　国連平和維持・構築活動に対する非軍事の役割による積極的貢献

二　多元共生社会の形成に関する施策
国は、多元共生社会の形成を図るため、次の事項に関し、必要な施策を講ずるものとすること。

1　**国内的施策**
(1)　多民族・多文化教育の徹底
(2)　定住外国人の市民権の拡大
(3)　文化的・人的交流の活性化
(4)　多文化・多民族モデル都市の形成
(5)　出入国管理の抜本的見直しと移住労働者の人権保障

(6)　人権関連条約の早期批准と完全実施

2　**対外的施策**

(1)　アジア諸国における歴史教育及び文化等の相互理解と共同研究

(2)　国連改革、特に経済社会理事会とその関連機構の改革

(3)　紛争当事者間の対話を通じた相互理解及び信頼醸成による紛争の解決を促進するための取組

三　平和的生存権の保障のための基盤整備に関する施策

平和的生存権の保障のための基盤整備を図るため、次の事項に関し、必要な施策を講ずるものとすること。

1　**国内的施策**

(1)　人間の生存、生活又は尊厳に対する様々な脅威を除去するための個人及び地域のコミュニティに対する支援（3(1)において「脅威の除去のための支援」という。）を公平に行うことができるような制度改革

(2)　平和的生存権の保障に必要な情報を容易に入手することができるようにするための措置

2　**国内外における施策**

貧困対策の推進、ジェンダー平等の促進、格差の是正、健康及び環境に係る問題の解決並びにあらゆる分野における差別の根絶

3　対外的施策

(1)　脅威の除去のための支援が公平に行われるための国際協力

(2)　国連人間の安全保障基金に対する拠出の継続

(3)　国連改革、特に国連人権理事会とその関連機構の改革

第四　平和的生存権保障推進会議

一　設置

内閣府に、平和的生存権保障推進会議を置くこと。

二　所掌事務

会議は、次に掲げる事務をつかさどること。

①　平和的生存権保障基本計画に関し、第二(4)に規定する事項を処理すること。

②　①に掲げるもののほか、内閣総理大臣又は関係各大臣の諮問に応じ、平和的生存権の保障に関する基本的な方針、基本的な政策及び重要事項を調査審議すること。

③　①及び②に規定する事項に関し、調査審議し、必要があると認めるときは、内閣総理大臣及び関係各大臣に対し、意見を述べること。

④　政府が実施する平和的生存権の保障に関する施策の実施状況を監視し、及び政府の施策が平

和的生存権の保障に及ぼす影響を調査し、必要があると認めるときは、内閣総理大臣及び関係各大臣に対し、意見を述べること。

三　組織

会議は、議長及び議員〇〇人以内をもって組織すること。

四　議長

(1)　議長は、内閣官房長官をもって充てること。

(2)　議長は、会務を総理すること。

五　議員

(1)　議員は、次に掲げる者をもって充てること。

①　内閣官房長官以外の国務大臣のうちから、内閣総理大臣が指定する者

②　平和的生存権の保障に関し優れた識見を有する者のうちから、内閣総理大臣が任命する者

(2)　(1)の②の議員の任命に当たっては、議員のうちに、第一の四の基本理念にのっとり自由に行われる市民の活動に積極的に寄与してきた者が含まれるようにしなければならないこと。

第五　その他

一　施行期日

この法律は、○○から施行すること。

二　法制上の措置等

(1) 国は、この法律の施行後速やかに、この法律の目的が達成されるよう、自衛隊法（昭和二九年法律第一六五号）、国際平和共同対処事態に際して我が国が実施する諸外国の軍隊等に対する協力支援活動等に関する法律（平成二七年法律第七七号）その他の法令及び我が国が締結した条約その他の国際約束の規定について廃止を含めた見直しを行い、その結果に基づいて必要な法制上の措置その他の措置を講ずるものとすること。

(2) 国は、この法律の施行後速やかに、軍縮及び格差の是正に関する法制度の在り方について検討を行い、その結果に基づき、法制の整備その他の所要の措置を講ずるものとすること。

三　所要の規定の整備

その他所要の規定の整備を行うこと。

第3章　参議院「憲法調査会」から

1　憲法調査会の活動

憲法調査会は、第一四五回国会における国会法の一部改正により、一九九九（平成一一）年七月二六日に設置が決まった。衆・参両議院に設置された調査会は、五七（昭和三二）年内閣に設置された憲法調査会と異なり、憲法を「広範かつ総合的に調査する」ことを目的としていた。議院運営委員会は、「憲法調査会は法案提案権を持たない、調査期間は概ね五年を目途とする」と申し合わせた。しかし、初めて国会に憲法問題の調査会が設けられることは、憲法改正の一里塚であったことは明らかであった。

私は、国会法改正案の審議の本会議において社会民主党を代表して反対討論に立った。

「わが国の憲法は、占領下に連合国総司令部GHQの作成した原案を基本にして制定された憲法とみなされて、政権政党（自由民主党）が自主憲法制定を求めるもとで、改憲か護憲かをめぐって揺れ動いてきました。一九五七年内閣に設置された憲法調査会には、当時の社会党の不参加のまま、一九六四年最終報告書は、『改憲の是非』の結論を出さず、両論とその根拠、考え方の差異を併記して、国民の判断に待つという基本的態度を堅持しました。改憲の流れは瀬を早めたり、渕を作ったり、絶えることなく続いてきましたが、憲法の制定過程を厳密に検証する作業が進むなかで、いわゆる『GHQによる押し付け論』は、憲法制定過程を国家対国家の対立の図式で一面的にとらえるものであること、日本国憲法は、第二次世界戦争の惨禍の血を吐くような反省の上に立ち、未来にわたって実現されるべき普遍的人権と平和を希求した当時の国家を超えた多様かつ複雑な国際社会の願望と、明治維新以来弾圧されながらも連綿と続いてきた自由民権運動の流れが混ざり合い、明治憲法の痕跡を残しながらも、日本帝国議会の審議を経て日本化されつつ、誕生したことが明らかになってきています。

それから五〇年、憲法の基本原理、すなわち国民主権、平和主義、基本的人権保障の原則は、日本国民の暮らしに定着し、日本の経済発展の基礎となり、国際的にも日本のアイデンティティとなってきました。そして冷戦が終結し、民族紛争や局地的な戦争が絶えないいま、日本の平和憲法は、核の時代の平和を先取りして、世界の理想を体現し、世界のグランドデザインを描く憲法として、光を放つようになりました。一九九九(平成一一)年五月、一〇〇年目の第三回ハーグ国際平和会議で採択されたハーグ・アジェンダ一九九九『公正な社会秩序のための一〇の基本原則』は、『各国議会は日本の憲法九条に見習い、政府が戦争をすることを禁止する決議を行うべきこと』と謳いました。この立場からすれば、憲法改正の発議権を持つ国会に、憲法に関し、『広範かつ総合的に調査をおこなう』ための憲法調査会を、今この時期に設置する目的はどこに

あるかと、鋭くかつ深く問わねばなりません」（中略・法案の問題点を指摘）

「いま、私たち国会議員のすべきことは、ひとつひとつの法案審議において個別具体的に、すべての常任委員会、特別委員会、調査会において、憲法とのかかわりを論じ、検証し、憲法と現行法制との乖離をもたらしている点を反省し、それを解消し、現行憲法を具現すべく努力することではないでしょうか。憲法九九条は『国会議員は憲法を尊重し擁護する義務を負う』と規定しているのですから、真摯にこの原則を踏まえたうえで、国民とともに議論を交わすことをまず行うべきでしょう。（略）わたしは声を大にして言いたい。憲法に人権規定が不備だと言う人々は、これまで女性や子ども、外国人の権利の実現に努力した人たちばかりでしょうか。環境権が必要だと言う人たちは環境を破壊する公共事業のチェックに熱心だったでしょうか。情報公開法のなかに、なぜ『知る権利』が入らなかったのでしょうか。憲法調査会の設置に積極的な人たちは、自衛隊の海外派兵を可能にするいわゆる『普通の国』を望まれているのではないでしょうか。日常の営為として、立法改革を継続するなかでこそ、憲法改正の課題は正当性をもつのです。またここ数年の各種世論調査では、改憲の志向は増加しているものの、積極的な憲法改正を望む段階には至っていません。憲法調査会を設置する理由のあいまいなまま、国民的コンセンサスのある二一世紀の日本のヴィジョンも描ききれないまま、審議時間も不十分なまま、いまこのときに憲法調査会を設置することに、断固として反対します」

調査会のメンバーは衆議院五〇名、参議院四五名で、調査会のもとには幹事会が置かれ、参議院では各党から選出された運営委員によって議事が決まる。衆議院では、憲法制定過程、二一世紀のあるべき姿をめぐり、参考人の意見陳述が行われていたが、参議院では、「国民各界各層と語る」と「この国のかたちをめぐる有識者からの意見陳述」の二つの柱を立てて、並行して進んだ。学生、言論界、経済界、労働界から、国民主権、国の機構、基本的人権、平和主義、安全保障などテーマごとに参考人が呼ばれた。そして中間報告を経て、二〇〇五（平成一七）年四月、衆・参憲法調査会の各報告書が取りまとめられて各院議長宛に提出されている。海外への憲法視察旅行も何回か行われた。衆議院憲法調査会報告書において土井たか子衆議院議員は、「最終報告書」についての意見として「改憲を主張する政党の委員の数に応じ、現憲法への批判と、どの条項をどう変えるかという意見が主流とされ、改憲の方向性が作られた」と述べている。憲法調査会は、〇七（平成一九）年八月七日、後継組織として、「憲法審査会」が設けられて廃止された。

以下で、心に響いた「調査会の活動」について紹介する。

2 憲法草案は押し付けられたのか――元GHQの二人の証人の証言

二〇〇一（平成一三）年五月三日の憲法記念日が近づき、何を企画すべきか議論が起きた。江田五月民主党幹事が、「憲法記念日ですから誕生日を祝うものでしょうね」と発言したら、与党側幹事から「いやあ、法事かもしれませんなあ」と声が上がり、私は頬が硬直するような緊張を覚えた。参議院では憲法改正に関与した元GHQの人たちをアメリカから呼ぶということになった。憲政記念館においで多くの傍聴者を集めてやりたいという村上正邦会長の希望は、院外には憲法五一条の議員の発言と表決の免責特権が及ばないということで没、院内の一番大きい委員会室を使い傍聴席を二〇〇に増やして、会長が司会を担当することになった。五月二日の憲法調査会のため来日したのは、元連合国最高司令官総司令部民生局調査専門官ベアテ・シロタ・ゴードン氏と同民生局海軍少尉リチャード・A・プール氏。ベアテ氏は、人権に関する委員会に所属して憲法草案の起草を担当、プール氏は天皇、条約、授権規定担当の小委員会の責任者であった。残念なことに行政権担当の小委員会の陸軍中尉ミルトン・J・エスマン氏は、急病のため欠席であった。

(1) ベアテ・シロタ・ゴードン氏の証言

「マッカーサー元帥は、松本烝治国務大臣に新しい民主的な憲法草案を提出するよう求めていたが、明治憲法と余り変わらない草案を提出してくるので、一九四六(昭和二一)年二月四日、民生局長ホイットニー准将に命じて、民生局二〇人ほどのスタッフに極秘に、日本の憲法草案を作る任務をあたえた」「女性の権利を担当して、いろいろな図書館に行っていろいろな国の憲法を参考に集め、自分の経験(戦前一〇年間日本に住んでいた)も踏まえて日本の女性にはどんな権利が必要かを考えた」

ベアテ案は次のような文言であった。

家庭は、人類社会の基礎であり、その伝統は、善きにつけ悪しきにつけ国全体に浸透する。それゆえ、婚姻と家庭とは、両性が法律的にも社会的にも平等であることは当然であるとの考えに基礎を置き、親の強制でなく相互の合意に基づき、かつ男性の支配でなく両性の協力に基づくことをここに定める。これらの原理に反する法律は廃止され、それに代わって、配偶者の選択、財産権、相続、住居の選択、離婚並びに婚姻及び家庭に関するその他の事項を、個人の尊厳と両性の本質的平等の見地に定める法律が制定されるべきである。

妊婦と乳児の保育にあたっている母親は、既婚、未婚を問わず、国から守られる。彼女たちが必要とする公的援助が受けられるものとする。嫡出でない子どもは、法的に差別を受けず、法的に認められた子ども同様に、身体的、知的、社会的に、成長することについて機会を与えられる。

子にする場合には、夫と妻、両者の合意なしに、家族とすることはできない。（略）長男の単独相続権は廃止する。

実に行き届いた文章である。人権の担当者二人の同意は得たが、運営委員会のGHQの二人の男性弁護士は、基本原則には賛成したが、社会福祉の項目と民法に入れ込む項目を外した。彼女は、いまここに書かないと日本政府は絶対に民法に書かないと抗議したが、結局、草案は「憲法二四条」（家庭生活における個人の尊厳と両性の平等）の現行の文言に落ち着いた。草案のまとめを担当したチャールズ・L・ケーディス大佐はベアテ氏に「あなたの書いた女性の権利はアメリカ憲法に書いてあるもの以上ですよ」と言ったという。日本政府は「親の強制でなく」と「かつ男性の支配でなく」という文言のカットを求めた。確かに民法では非嫡出子の相続差別は長いあいだ是正されなかったから、ベアテ氏の予見した通りであった。その後、ベアテ氏は通訳として、GHQ民生局と日本政府の極秘会談に出席した。日本側は、「こういう女性の権利は日本の国に合わない、日本の文化に合わない」と言って大騒ぎになったという。

ベアテ氏は証言を次のように結んだ。

「この憲法が日本の国民に押し付けられたというのは正しくありません。日本の進歩的な男性と少数の目覚めた女性たちは、もう一九世紀から国民の権利を望んでいました。そして女性は特別に参政権のために運動していました。この憲法は国民の押さえつけられていた意思を表したので、国民に喜ばれました」

(2) リチャード・A・プール氏の証言

「マッカーサー最高司令官の草案は、数多くの日本の学者や研究機関及び有識者の方々の見解を反映させたものであること、そして内閣との検討もされまして、その結果、政府の承認した改正案として国会に提出されたということ、その結果、長時間の討論の追加の修正の合意をもって行われ、最終的に圧倒的多数で承認されたということをぜひご留意いただければと思います。さらに、忘れてならないのは、天皇陛下ご自身が内閣の意見対立の解消に尽力され、草案の国会提出を支持されたことです」

「参考にした日本の憲法のドラフトはありました。確か民生局の法務を担当していたラウエル氏が主として担当していました。確か憲法研究会というところだったと思います。ケーディス大佐のリストにあります」

(3) ミルトン・J・エスマン氏の証言（原稿代読）

「憲法草案は日本国民の政治的願望を表現していた」

私はGHQの示した憲法草案に具体的に当時日本の民間で作られたいくつかの私擬草案が参考にされたのかどうかに関心があって質問に立った。GHQ憲法草案がどのように生みだされたのか、源には戦後の日本のいくつかの私擬憲法草案が参照されたことは明らかであった。日本国憲法が日本の国民に受け入れられてきたのは、GHQの憲法草案のなかに吹き込まれた「日本史的なるもの」があったからこそであろう。参議院憲法調査会「日本国憲法に関する調査報告書」においては、GHQの生き証人の証言は「歴史的に貴重」であるとして概要を記載している。

安倍首相（当時）は、二〇一五（平成二七）年三月六日の衆議院予算委員会において「戦後の占領下、連合国軍総司令部（GHQ）の二五人が短い期間で原案を作ったのは間違いない。首相として事実を述べてはいけないということではない」と指摘し「こういう過程でできたから変えていく、ということを議論するのは当然ではないか」と述べたが、市民に対して「占領憲法」という屈辱感を煽り、憲法改正に誘導するという政治的意図のもとの発言である。

3 コスタリカ訪問

私は、二〇〇三（平成一五）年度参議院海外視察特定事項調査第五班として、同年九月三日から一三日まで、コスタリカ、ニューヨーク、国連、カナダと憲法事情を視察して回った。任期終了まで一年をすでに切っていた。

団長は、自民党の市川一朗議員、団員は民主党の本田良一議員、共産党の小泉親司議員と私の四名。憲法調査会事務局から二名が同行した。

九月三日午後八時四五分、アメリカのダラス経由でサンホセに到着。ホテル「エラドゥーラ」に宿泊。翌朝は心地よい風に吹かれてプールサイド・カフェで朝食。プールの周りに植えられたシュロの樹が葉裏をなびかせて朝の風にゆれている。ピッ、ピッ、ピッ、ピーッと白い大きな鳥が尾羽を振って、つがいで飛び交う。山裾には南国風の赤茶色の屋根が連なり、煙突からは白い煙がたなびいている。ル、ル、ル、ルゥ、チッ。チッ。聞いたことのない鳥の鳴き声が響く。不戦の憲法の源流を訪ねる旅は小鳥の声にあふれた朝から始まった。それにしてもダラス空港でのセキュリティ・チェックは、厳しかったなあ、と話し合う。時計、のど飴の包み紙、上着の金属のボタン、帽子につけたブローチが金属探知器に反応して鳴る。果ては靴の裏が鳴って裸足になった人もいた。男性議員のベルトの金属が鳴る。国会議員の場合は、ほとんどノーチェックという慣行は、九・一一以降はもはやアメリカでは通用しない。

九月四日。コスタリカ国会本会議場を見学して、国会議員と会談。ラウラ・チンチージャ国際関係委員会委員は、「一九四九年の憲法改正によって、一二条は恒久的機関としての軍隊は保有しないと規定している。コスタリカは、二度国土を侵略されたが、国際機関に援助を求めて国土を防衛した経験からこの条項を改正する考えはない。私たちはこの条項を基本として積極的な活動を展開していく指針としており、この安全保障のモデルを他国に輸出していきたい。パナマ、ハイチの周辺国でこうした条項を導入する議論が起きている。アフリカ諸国でも同様である。またコスタリカは他国の軍縮を推進する活動を展開している。コスタリカとしては、日本にもこうした努力を継続して頂くことが重要であると認識している」と述べた。

コスタリカ憲法は、四五回の改正を経ているが、軍隊を持たないという規定は、軍隊に拠出する資源を教育や福祉の費用にあてて、国民のコンセンサスを得ているから改正はないと説明し、特にコスタリカの憲法法廷の人権保障のパイオニア的な役割を強調した。わたしが心惹かれるコスタリカ憲法一二条は次のように規定している。

「常設的機関としての軍隊は禁止される。公共の秩序を監視し維持するために必要な警察隊を設置する。大陸協定によるか国家の防衛のためにのみ軍隊は編成することが出来る。（再編される場合）各軍は、警察隊の場合と同じく、常に文民権力（政府）に服従するものとする。各軍は個別的であると集団的であるとその形態を問わず、（政治的）合議をしたり声明を発したり示威行為を行ってはならない」

この条文は個別的自衛権を否定していない。憲法一四七条には、大統領が国家防衛事態を宣言して軍隊の再編を発する権限があるとされている。しかしコスタリカは、大陸協定に集団的自衛権を謳った米州相互援助条約（通称リオ条約）を含んでいるが、この条約を批准した際、海外派兵の拒否を一方的に宣言して、「事実上自らの集団的自衛権を軍事的に封印している」。コスタリカは戦争をしたり、侵略されたりした軍事的伝統を欠いていることもあって、軍隊を持たないことが「抑止力」であるという確固とした哲学を国家と市民が共有している。これは国際的に見て戦争の違法化の流れに与しているものであろう。またコスタリカの憲法の特徴には、三一条が「コスタリカの領土は、政治的理由によって迫害を受けたすべての人に対する避難所である」という政治亡命の庇護権の規定がある。キューバのカストロ議長など中南米の政治家たちがこの地で庇護されてきた。実態はどうかと質問したところ、規定の存在とともに、「これはコスタリカが築いてきた平和主義が政治犯とされた人たちにとっても役立ってきたからだ」という。コスタリカで庇護された人たちが第一線の政治家に返り咲いたり、コスタリカで余生を送ったりしている。そんな平和的風土のなかで、女性議員も四〇％を占めていた。

午後、憲法裁判所法廷長ルイス・フェルナンド・ソラノ・カレラ氏と憲法法廷で話を聞く。憲法法廷は一九八四年に創設され、八三％が憲法の争いであり、「忙しい法廷」という。憲法の公正さを維持するために、国会で選任された七名の裁判官が活動している。アシスタントのスタッフは約一一〇名。コスタリカでは、公益・公共のための情報を国民が国や企業に要求でき、省庁に情報提供を頼んでも対応が遅いときには憲法法廷に訴えることができる。国会の立法チェックのようなデリケートな部分に関しても、国際条約を批准したときなど、一〇名の議員が違憲ではないかと提訴したという。つまり立法に対するコンサルタントの役割を持つ。憲法法廷は、交代制で二四時間体制が組まれていて、提訴には弁護士料はいらず、口頭でも、ファックスでも行ってもいい。子どもからも受け付ける。例えば、学校の近くの川がゴミで汚れているのは環境権の侵害ではないかなどと言ってくる。「憲法を暮らしに生かす」手続が現実に保障されているというのはこのことだと、感心した。憲法に対する権威は、国民が憲法的規範をいかに身近に呼吸しているかという司法の在り方に影響される。

私は「コスタリカ憲法の源流はどこにあるのか？」と質問した。「憲法の持つ価値、それは寛容、マイノリティの尊重、民主主義」という考え深い答えが返ってきた。憲法原理は、社会の中から、透明な清水のように湧き出るものなのであろうか。日本では、憲法改正の論議が活発化している。私たちの戦禍をくぐり抜けた果てに生まれ、社会のなかで育ってきた不戦の憲法九条は、果たして、生きのびられるだろうか、と地球の裏側の祖国の行く末を思った。

またコスタリカでは、一九四九年の憲法制定と同時期に、選挙の不正と腐敗を監視する選挙裁判所が設置され、国民の敬意の的となっていたのは興味深かった。選挙裁判所は、下級裁判所を持たず、最高裁判所にも隷属しない第四の権力といわれていて、選挙のすべての事項について、コントロールと判断を下す。政党員が候補者として申請したが、政党がそれを拒否したときの庇護申請も受け付けている。オスカル・フォンセカ長官は「独立が保障されていて、選挙の無効も宣言しうる」と胸を張った。政党の独裁をも許さない民主主義の真髄が保障されているのである。

一九四九年に軍隊が廃止されて以来、国の守りは警察が担っている。戦車も大砲もない。国境警備隊の武装は、最高でもM16という軽装備である。麻薬や野生動物の密輸、武器の移入の取り締まりが主な任務とされていた。コスタリカの隣国は、ニカラグアとパナマ、決して平和が確保されている国とは言い難い。国の主権と国民の保護が警察という権力だけで守れるのか。警察の軍隊化は起こらないのだろうか。私たちは、疑問をもちながら警察学校を訪れた。しかしロベルト・オバンド校長からは「私たちは憲法に基づいて行動している。兵士には敵があるが、警察には市民の防衛と治安維持があるのみ、紛争の解決は、国際条約と国際協力による。多くのコストをかけなくても国を守ることはできます。軍隊を持たないことが最大の防衛です」という答えが返ってきた。もちろん国境警備隊や沿岸警備隊の隊員には、スペシャリストとしての訓練も課されていて、将来的には国際協力も見据えて訓練計画が立てられていた。自然災害やテロに対しては、国家緊急事態委員会とセンターがあった。

それにしても憲法の精神が現場まで徹底しているなあと感じ入った。団長の市川一朗議員は「コスタリカでは、よく考えられた国づくりをしておられることに感心した。これからも憲法を守り、お国がますます発展される事をこころから祈ります」と警察学校の生徒を視察したあとの挨拶で、熱情を込めて語り、私は思わず拍手をした。

自然を生かし、そのたたずまいのままの国立公園では、イグアナが檻から出て、観光客と並んで歩く様には驚かされたものの、手塚治虫の「火の鳥」のモデルとなったケツァールの姿に感動した。軍隊がない国で、当たり前のように、人々が笑い、食べ、子どもたちが飛び跳ねている日常があるという現実。青い空も、白い雲も、スコールの飛沫も、深夜まで続く結婚式の陽気な喧噪も、まぶしかった。

コスタリカを出てニューヨークへ。九・一一のグラウンド・ゼロへ献花。むき出しになった地殻の闇、アメリカの国旗を体に巻いて葬送のラッパを吹く白い髭の老人、涙で抱き合い、立ちつくす男と女たち。いまだ癒えないテロの悲しみは私たちを打ちのめした。終戦直後を知る私は、廃墟と化した故郷の焼け野原を思い浮かべた。戦後の原体験が、九・一一の焼けた現場と重なった。

国連訪問は、日本の国連大使の豪華な公邸の食事から始まった。多額の補修費をかけた日本国連公邸は、じつに重厚で、日本の国連外交の場所としては、相手を圧倒するには十分な舞台装置であると

思った。宴も半ばになり、

「ところで、皆様方は、なんでコスタリカに行かれたのですか？」

「コスタリカの憲法の調査ですが……」

「何か特色があるのでしょうか？」

「コスタリカは軍隊を持たない国でして。いや実に興味ありましたなあ」

「エーッ、そんな国がありましたかなあ。アオウミガメを見に行かれたと思いました」

コスタリカの海岸は、アオウミガメの産卵地である。コスタリカは軍隊を持たない国で、国連での人権外交でも頑張っているということについて、日本の国連本部の人達がまるで無関心であったことにがっかりした。日本外交がアメリカを向き、大国主義であるということの象徴だと感じた。

コスタリカの国はいまも「軍隊のない国」を標榜している。

第4章　自民党憲法改正案批判

1　安倍元自民党総裁の憲法九条改正提案をめぐって

二〇一七（平成二九）年五月三日憲法記念日に、安倍晋三自民党総裁（当時）は、東京都内で開かれた改憲を訴える「美しい日本の憲法をつくる国民の会」と「民間臨調」の会合にビデオ・メッセージを寄せて、「二〇二〇年を新しい憲法が施行される年にしたい」と意見を表明した。なぜオリンピックが開かれる二〇二〇年なのか。本来憲法改正の発議は、衆・参議院の憲法審査会の議を経て、衆参議院の総議員三分の二の賛成を必要とする。自民党総裁といっても総理大臣なのであるから、その発言の影響は、自民党やその支持勢力にとどまらない。立法府の憲法審査会への介入にならないか、憲法改正の国民的議論に期限を設定していいのかと批判が起きている。歴代首相で憲法改正に期限をつけた総理はいない。二〇年に日本が生まれ変わらねばならない必然性はどこにも見当たらない。あえて安倍首相がこだわるのは自らが首相のうちに憲法改正をしたいという野望と焦りがあるのではないか、と言われている。

改憲の意思表明について衆議院予算委員会で問われると、「私は総理大臣としてここに立っているので、自民党総裁としての立場としての発言は読売新聞のインタビュー記事を読んでいただきたい」

と、驚くべき発言をした。総理大臣のよって立つ地位は、国会議員という立場にあるのであって、総理だからといって国会における説明責任が免責されるわけではない。

そこで読売新聞（二〇一七年五月三日付）の記事を読んでみた。見出しは「自衛隊の合憲化使命」とあって、冒頭に「安倍首相（自民党総裁）が九条改正に取り組むべきだとの考えを表明した」とある。

まず「発議は国会にしかできないわけで、私たち国会議員は大きな責任をかみしめるべきだ。発議案を国民に提示するための具体的議論を始めてもらいたい」という。これは立法府に対する行政権の長としての明らかな越権行為であろう。そして「九条の改正にも正面から取り組んでもらいたい」「憲法学者のうち自衛隊を合憲としたのはわずか二割で、七割以上が違憲の疑いを持っていた。これには多くの人が驚いたと思う」という。私はこの発言に驚いた。憲法学者の多くが自衛隊を違憲としていることに、いまさら総理が驚いたとは思えないが、一九六〇年代から歴代首相が自衛権の範囲を巡って説明責任を果たしてきた。内閣法制局の憲法解釈や裁判例も多く積み上がってきた。憲法九条の違憲・合憲論議は公知の事実である。インタビュー記事の中心は「北朝鮮を巡る情勢が緊迫し、安全保障環境が一層厳しくなっている中、『違憲かもしれないけれど、何かあれば命を張ってくれ』というのはあまりにも無責任だ。行政府の長としてではなく、国会議員として申し上げれば、立法府でこうした問題について議論していくことが、国会議員の責任だろうと思う。九条については、平和主義の理念はこれからも堅持していく。そこで例えば、一項、二項をそのままに残し、その上で自衛隊の記述を書き加える。そういう考え方もある中で、現実的に私たちの責任を果たしていく道を考えるべきだ。これは国民的な議論に値するだろう。私の世代が何をなしうるかと考えれば、自衛隊を合憲化することが使命ではないかと思う」と述べている部分である。さらに「自衛隊の存在を記述する。どのように記述するかを議論してもらいたい」とし、緊急事態条項の付加と日本維新の会の提案している「高等教育の無償化」とのセットに言及している。国会では折しも衆議院法務委員会における「組織犯罪処罰法改正案（テロ等準備罪法案）の強行採決を目前にしていた。

桜井よし子は、六月一三日のプライム・ニュース（BSフジ）で「総理は曲玉を投げてきましたね。なんと狡猾な男」と語った。自民党憲法改正推進本部長の保岡興治は「すばらしい意見」「現実的意見」と称賛しきりだが、しかしこの憲法九条三項加憲案は、安倍首相のオリジナルではない。首相が九条三項加憲案を発表したのと同じ五月三日に出版された伊藤哲夫・岡田邦宏・小坂実著『これがわれらの憲法改正提案だ』（日本政策研究センター、二〇一七）は、「護憲派よ、それでも憲法改正に反対か？」と副題がついているのだが、安倍首相とそっくりそのままの改憲案が提案されている。伊藤哲夫は、憲法を一から作り直せるような政治状況はいまないから、「耐震補強」としての改正提案をして、改正勢力三分の二という国会状況を活かして「改正発議」を実現する、改正しなければ憲法の現実は続くから「自衛隊の存在を憲法に明記しよう」と呼びかけている。岡田邦宏は自衛隊の「活動に憲法の制約」があり、七〇年間にわたって浸透してきた「平和主義」はまだ根強いから「二項はそのままにして、九条に新たに第三項を設け、第二項が保持しないと定める『戦力』は別のものであるとして、国際法に基づく自衛隊の存在を明記するという改正案も一考に値する選択肢だと思うのです。

いわゆる『加憲』です」と述べている。そのほかにこの本では「緊急事態条項の創設」と「家族保護条項の強化」を付加している。日本政策研究センターは、日本会議の政策研究部門を担い、伊藤哲夫は日本会議の政策委員を務め、安倍首相が最も信頼するブレーンの一人といわれている。

日本政策研究センターの機関紙『明日への選択』二〇一六年九月号掲載の伊藤哲夫「三分の二獲得後の改憲戦略」は、九条加憲の改憲草案の意図を明確に描いている。要約すると、参議院における三分の二の壁が突破されたが、一気に改正発議というほど状況は甘くはない、公明党は第九条そのものの改正には依然として反対しているし、日本維新の会も今のところ教育の無償化、統治機構改革、憲法裁判所の設置の三点を変えていない。保守派の「占領憲法打破」「戦後レジームからの脱却」の観点からの改憲は現実の出発点に立ったに過ぎない。最優先は護憲派陣営への「反転攻勢」だ。朝日新聞や「九条の会」に賛同する学者・文化人たちの「反戦・平和」の抵抗運動にどう対処すべきかを考えなければならない。いま世論の潮目は変化の時を迎えた。強調すべきは中国の異常な対外行動であり、ここで問うべきは民進党（現　国民民主党）に容共の是非を問い、護憲派にこちら側から揺さぶりをかけ、安保関連法制の時のような大々的な統一戦線を容易には形成させないための積極的戦略が重要である。そのためには、反論にエネルギーを費やすことをやめ、議論を無意味にし、現行憲法の足らざるを補うことが重要である。ならば、憲法の規定には一切触れず、ただ憲法に不足しているだけの憲法修正、つまり加憲なら反対する理由はないではないか、と逆に問いかける。さすれば改憲陣営の分裂も招かず、一般市民を護憲派に追いやることなく、護憲派から現実派を誘い出すことができる。

これは「苦肉の提案」である。具体的には、前文に「国家の存立を全力を持って確保し」という言葉を補い、憲法九条に三項を加えて「ただし前項の規定は確立された国際法に基づく自衛のための実力の保持を否定するものでない」の規定を加えると述べている。さらに『明日への選択』一一月号で小坂実「今こそ自衛隊に憲法上の地位と能力を」は、「戦力の保持を禁じ、自衛隊の能力を不当に縛っている九条二項は、今や国家国民の生存を妨げる障害物と化したと言っても決して過言ではない。速やかに九条二項を削除するか、あるいは自衛隊を明記した第三項を加えて二項を空文化させるべきである」と述べている。

これに対して二〇一七年六月二〇日開催された「九条の会」の学習会「安倍首相改憲発言をめぐって」において渡辺治一橋大学名誉教授は、憲法九条三項の加憲について、安保関連法制をめぐって形成された市民の地域共同の運動や安保関連法制廃止に向けての総がかり行動、野党共闘のもとで、「日本会議でも言わざるを得なかった、一歩後退の苦肉の策であり、共同を分断する目的を持つもの」と分析している。石破茂衆議院議員は、安倍首相の改憲案を「敗北主義」と批判したが、安倍首相は（自民党案では）「与党内で説得できない、護憲運動をやっているのと同じだ」と反論した。

2 安保関連法制下での自衛隊の変容

二〇一六年九月一三日安全保障関連法案（自衛隊法、ＰＫＯ法、周辺事態法等一〇件の法律改正と一件の国際平和支援法）が国会を強行採決により通過した現在では、憲法の法体系に大きな変化が生まれていることに留意する必要がある。いわゆる「解釈改憲」によって、これまでの自衛権は憲法上認められている国家固有の権利であって、専守防衛のもと自衛隊は必要最小限の実力として合憲であり、海外派兵や武力の行使を伴う集団的自衛権は認められない、としてきた政府の見解（内閣法制局の見解）が大きく変化した。一五年七月一日の閣議決定は、ⅰ日本と密接な関係にある他国に対する武力攻撃が発生し、これにより我が国の存立が脅かされ、国民の声明、自由及び幸福追求の権利が根底から覆される明白な危険がある場合、ⅱこれを排除し、我が国の存立を全うし、国民を守るために適当な手段がないときに、ⅲ必要最小限の実力を行使すること、との新三要件のもと限定的な集団的自衛権を認めるとした。これは憲法九条一、二項のもとで極限まで拡大された解釈改憲といえよう。その結果自衛隊の具体的活動範囲は、邦人保護など戦争に至らない程度の紛争の武力介入、他国の軍隊の活動への支援活動、概念が曖昧な存立危機事態における武力行使、国際的な危機における捜索、協力活動等に広がった。自衛隊が戦闘に巻き込まれ、他国の武力行使と一体化する具体的危惧が現実化した。法律が施行されて、政府は「駆けつけ警護」の新任務を与えて南スーダンに自衛隊を派遣し、北朝鮮に対して武力の威嚇をするアメリカの「軍艦警護」やアメリカ・韓国の軍隊との「共同訓練」を行った。現行安全保障法制が、自衛隊員に及ぼすインパクトもさることながら、国民生活に及ぼす影響も見逃せない。今回の安保関連法は、「平時から有事まで切れ目のない対応をする」ことが求められているので、国民の協力も民間の航空会社や海運会社、港湾施設、病院の軍事優先使用、国民動員体制へと舵がきられた。自衛隊の装備の強化と米軍との一体化が深化した。

3　自由民主党と各政党の改憲案

(1) 自由民主党

自由民主党は二〇一八年三月憲法論議のための「条文のイメージ（たたき台）」を提示し、四項目の素案を発表した。

i 自衛隊の明記について

憲法九条の二　前条の規定は、我が国の平和と独立を守り、国及び国民の安全を保つために必要な自衛の措置をとることを妨げず、そのための実力組織として、法律の定めるところにより、内閣の首長たる内閣総理大臣を最高の指揮監督者とする自衛隊を保持する。②自衛隊の行動は、法律の定めるところにより、国会の承認その他の統制に服する。（※第9条の全体を維持したうえで、その次に追加）

ii 緊急事態対応について

第七十三条の二　大地震その他異常かつ大規模な災害により、国会による法律の制定を待ついとまがないと認める特別の事情があるときは、内閣は、法律で定めるところにより、国民の生命、身体及び財産を保護するため、政令を制定することができる。

②内閣は、前項の政令を制定した時は、法律に定める所により、速やかに国会の承認を求めなければならない。

（※内閣の事務を定める第73条の次に追加）

第六十四条の二　大地震その他異常かつ大規模な災害により、衆議院議員の総選挙又は参議院議員の通常選挙の適正な実施が困難であると認めるときは、国会は、法律で定めるところにより、各議員の出席議員の三分の二以上の多数で、その任期の特例を定めることができる。

（※国会の章の末尾に特例規定として追加）

iii　合区解消・違法公共団体について

第四十七条　両議院の議員の選挙について、選挙区を設けるときは、人口を基本とし、行政区画、地域的な一体性、地勢等を総合的に勘案して、選挙区及び各選挙区において選挙すべき議員の数を定めるものとする。参議院議員の全部又は一部の選挙について、広域の地方公共団体のそれぞれの区域を選挙区とする場合には、改選ごとに各選挙区において少なくとも一人を選挙すべきものとすることができる。

前項に定めるもののほか、選挙区、投票の方法その他両議院の議員に関する事項は、法律でこれを定める。

第九十二条　地方公共団体は、基礎的な地方公共団体及びこれを包括する広域の地方公共団体とすることを基本とし、その種類並びに組織及び運営に関する事項は、地方自治の本旨に基づいて、法律でこれを定める。

iv 教育の充実について

第二十六条　①・②（現行のまま）

③国は、教育が国民一人一人の人格の完成を目指し、その幸福の追求に欠くことのできないものであり、かつ、国の未来を切り拓く上で極めて重要な役割を担うものであることに鑑み、各個人の経済的理由にかかわらず教育を受ける機会を確保することを含め、教育環境の整備に努めなければならない。

第八十九条　公金その他の公の財産は、宗教上の組織若しくは団体の使用、便益若しくは維持のため、又は公の監督が及ばない慈善、教育若しくは博愛の事業に対し、これを支出し、又はその利用に供してはならない。

自民党憲法改正推進本部は、自衛隊の明記について、自衛隊の諸活動が多くの国民の支持を得ているものの、なお「自衛隊違憲論」があるので、それを解消すべきだとの立場に立つとし、九条二項「前項の目的を達するため、陸海空軍その他の戦力は、これを保持しない。国の交戦権はこれを認めない」は削除すべきとの議論はあった、と説明している。二〇一二（平成二四）年四月二七日作成の自民党の「日本国憲法改正草案」は、九条二項は「前項の規定は、自衛権の発動を妨げるものではない」と改正し、九条の二に「国防軍」を保持し、国防軍の軍人や公務員の規律違反に対する「審判所」を創設するとしている。また緊急事態については、「外部からの武力攻撃」や「大規模なテロ・内乱」を対象とすべきという意見があり、前記「改正草案」には緊急事態について「内閣総理大臣は、我が国に対する外部からの武力攻撃、内乱等による社会秩序の混乱、地震等による大規模な自然災害その他法律で定めるところにより閣議にかけて、緊急事態宣言を発することができる」と規定していることに留意する必要がある。

(2) 日本維新の会

日本維新の会は、二〇一六（平成二八）年三月二四日「憲法改正原案」を発表し、教育の無償化、統治機構改革（道州制）、憲法裁判所の創設を提案しつつ「改正に正面から挑み、時代に適した今の憲法へ」を主張している。「自衛隊の明記」や「緊急事態条項」には賛同の方向である。

(3) 国民民主党

二〇二〇（令和二）年一二月四日「憲法改正に向けた論点整理」を公表し、「個人の尊厳」「地域の尊厳」「国家の尊厳」の三大原則のもと人権保障の強化、地方自治の強化を論じて、自衛隊については、「最小限度の戦力の保持」と「必要な限度における交戦権の行使」を認めている。

(4) 立憲民主党

九条の二に自衛隊を明記することには反対している。自衛隊を憲法に明記すると、「後法は前法に優越するとの基本原則により九条一、二項を空文化する」「現在の安全保障法制を前提に自衛隊を明記すると、少なくとも集団的自衛権の一部行使の追認、いわゆるフルスペックの集団的自衛権行使を可能とするので専守防衛の憲法原理が覆り、権力を拘束する立憲主義をも空洞化する」と批判する。しかし積極的議論、検討するとの立場に立つ。

(5) 日本共産党

現行憲法の前文を含む全条項を遵守し、その完全実施を目指すとしていて、変えるべきは憲法を蔑ろにしている政治であるという。

(6) 社会民主党

憲法改正に反対し「憲法を活かす社会を」を目指す。

(7) れいわ新選組は、改憲論議はしてもいいが「現在の自民党の憲法改正案に反対」する。

(8) 公明党は、論憲の立場に立ち、「自衛隊の存在や国際貢献」について議論していく必要がある、つまり現在の憲法を守りながら、未来を見据えて新しい理念や権利を補強するという「加憲案」に立つ。しかし憲法審査会において、政審会長は、内閣法上に「自衛隊に関する事項」を加えたらどうか、と提案している。憲法への明記を避けたとしても、法的効力は同じと考えられる。

4 「自衛隊」を憲法九条に加えるとどうなるか

では、「九条の三項」または「九条の二項」として自衛隊を憲法上に書き込んだ場合どのような効果を生むのか。

(1) 九条一項、二項の戦争抑止効果

論議の前に、憲法九条一項、二項の戦争抑止効果についてみてみよう。

憲法九条一項は、恒久平和主義の原則を掲げ、戦力の保持を放棄している。さらに二項は交戦権を放棄している。そのことにより、自衛隊は海外派遣が禁止され、具体的には一九五〇年の朝鮮戦争、五五年から七五年まで続いたベトナム戦争、九〇年の湾岸戦争、二〇〇一年アメリカのアフガニスタン侵攻など紛争地へ自衛隊の派遣を免れている。だから七〇年間ひとりの戦死者もなかった。戦争は防衛から始まる。戦争による兵器産業に富をもたらすことなく、軍事への予算措置が制約されて自衛隊や軍需産業への支出が制限されてきた。そのため日本の高度経済成長を可能にし、自動車や電気機器などを中心にした平和的産業が発展してきた。また戦争は例外なく人権の抑圧から始まる。九条があるために日本では憲法が豊かに保障する人権規定が尊重され、自由と人権の行使ができ、不十分ながら庶民の暮らしに安心と平穏がもたらされてきた。憲法九条は、日本の戦争の惨禍への反省と平和への限りない希望から生まれた。「歴史から生まれたもの」だからこそ普遍性を持つ。また青井未帆

学習院大学教授は、憲法九条は「人権保障の防火壁」だという。戦争が防止されているからこそであろう。

また憲法九条は、アメリカとの軍事同盟下ではあるが、「アジアへの不戦の誓い」としての役割をもち、国際社会、特に東アジアにおける平和国家日本の信用を深めてきた。

(2) 自衛隊の憲法九条明記がもたらすもの

九条の二として自衛隊が明記されたらどのような効果を生むのか。

憲法学者石川健司東大教授は、戦争体験に裏打ちされた護憲派を情緒的な側面があるとして「第一世代」と衝撃的な定義付けをしているのだが、九条三項への自衛隊明記は憲法学の視点から「もっとも危険な提案」だと言う。統治機構の論点は、常に三つの層――法的権限、権限を行使する正当性(資格や理由)、権限を裏付ける財政面の統制――からなり、九条二項は「軍隊を組織する権限を国会から奪っていること」「自衛隊の組織を慎みのある組織としてきたこと」「軍拡予算の編成を拒んできたこと」に意味があり、憲法九条は「優秀な九条方式ともいうべき軍事統制のメニュー」に他ならない。そして九条三項を新設して自衛隊に正当性を持たせてしまうと二層、三層が突破されて、「軍事のコントロール」が憲法上なくなってしまい、自衛隊が胡坐をかいて変質し、北東アジアにおける軍拡競争に巻き込まれる、と危惧する。

長谷部恭男早稲田大学名誉教授も「自衛隊は憲法に書き込まれないことに意味がある」とし、自衛隊の違憲説は憲法九条の「抑止力」にこそ真髄がある、と主張する。青井は、憲法九条の意義は、国家との関係で権力を限界づける論理の提供と国民の平和への拠り所であることにあり、「政治を縛る法」として、権力行使に歯止めをかけ、「危険の芽」を摘むものであるという。

九条に三項を加えたとき、さらなる「解釈改憲」がなされて、九条二項が空文化される危険性を指摘するのは浦田一郎早稲田大学教授、高見勝利上智大学教授ら多数である。三項の特別規定が一般規定の一、二項より強くなって、自衛隊への抑制が緩む、武力行使が拡大する、集団的自衛権の範囲が拡大する、交戦権の一部が削られるなどした結果、将来的に九条二項の削除に至ると警鐘を鳴らす。憲法九条一、二項は「戦争への大きなブレーキ」なのであり、九条三項への加憲は「九条を殺す」ための段階的改憲論なのである。そして憲法一三条「幸福追求権」以下、基本的人権規定の解釈に影を落とし、秘密保護法や共謀罪とあいまって憲法全体を変質させる危険がある。

また自衛隊に憲法的公共性を認知することになり、安保法制の合憲化をもたらし、フルスペックの集団的自衛権の行使を可能にし、ICBM、長距離戦略爆撃機、攻撃型空母などは持てないという兵器の制約もなくなり、敵基地先制攻撃能力も保持できるようになる。国是とされる「非核三原則」も風前の灯となる。やがて徴兵制や軍事裁判所の設置も視野に入ってくる。自衛隊法一〇三条の防衛出動時の軍事的徴用も、自衛隊法一二二条防衛出動命令時の自衛隊員の職務離脱の罰則の付与も可能になる。軍産複合型産業も本格化し、軍需産業への予算の支出により、「武器輸出三原則」も変容していく。軍事国家への傾斜が始まり、人権や自由の制限は市民の生活を窮屈なものに変え、監視国家へと移行していく。軍事予算もGDP比一%を超え――すでに岸田政権はこれを表明している――年間予算は五兆円を突破し、当然に福祉や教育の予算が削減されていく。やがて日本は軍事国家へと大きく「国のかたち」を変えていくことになる。そのような戦前の国家へ回帰してもいいのだろうか。

5 緊急事態条項の付加とその効果

緊急事態条項は、「戦争、内乱、恐慌ないし大規模な自然災害など平時の統治機構をもってしては対処できない非常事態において、国家権力が、国家の存立を維持するために、立憲的憲法秩序を一時停止して、非常措置(人権の制約と三権分立の制限)をとる権限」をいう。自民党案の七三条の二にある「政令」とは内閣が制定する命令をいい、政令は、本来国会が制定する法律の細則や執行についてのみ委任された範囲で制定されるものであるが、緊急事態においては行政府の立法が国会の法律と同等な効力をもつ。緊急事態条項の新自民党案は、条文の数が減ったことで危険性が薄れたような印象を与えているが、旧自民党案よりも、権力の集中と人権の制約が容易になり、権力の濫用の危険がより高まっていることに留意したい。自民党案には、国家緊急事態の発動手続きの規定がない、発動の要件が広すぎる、政令事項の限定がない、期間が無制限である、事後の国会不承認でも効力が失われないなど欠陥が多い。阪神・淡路大震災や東日本大震災の教訓のもとに、災害に関する法律は、すでに十分整備されていて事前の準備や予防措置が大切であることは災害の大原則である。

世界一民主的と言われたワイマール憲法が、ヒットラーのナチ政権になぜ道を開いたかについては、多くの研究論文があるが、総じて憲法四八条の大統領の緊急措置権（緊急令）が濫用され、「法律同等」とみなされて、国会を空洞化し、議会制民主主義が崩壊、一九三三年三月二四日ナチ党が第一党となるや「授権法」（全権委任法）が制定されたことを指摘している。授権法は、政府による包括的な立法権を認め、独裁制を確立し、ポーランド侵攻から第二次世界大戦へと進んでいった。歴史から学ぶべきものがある。

自民党の「合区解消」と「高等教育の義務化」は、法律事項であって、あえて憲法改正の手段による必要性はない。

主要文献一覧　第Ⅱ部

第Ⅱ部

第1章　なぜ、「平和的生存権」か

1 大脇雅子『マサコの戦争』講談社、二〇〇四年。

2 水島朝穂、大前治『検証　防空法――空襲下で禁じられた避難』法律文化社、二〇一四年。

3 児玉勇二『戦争裁判と平和憲法――戦争をしない／させないために』明石書店、二〇一九年。

4 東京地方裁判所一九五九年(昭和三四年)三月三〇日判決。

5 最高裁判所一九五九年(昭和三四年)一二月一六日判決。

6 吉田敏浩他『検証・法治国家崩壊――砂川事件と日米密約交渉』創元社、二〇一四年。

7 社会法律文化センターCSCE調査団『CSCE(全欧安保協力会議):多国間主義に基く信頼醸成と軍縮、民主的平和と人権安全保障の進展、そしてアジアにも今』社会法律文化センター、一九九四年。

8 矢田部理『いつも全力。こんな議員が国会にいた』梨の木舎、二〇一七年。

第2章「平和的生存権」立法構想

9 札幌地方裁判所一九七三年(昭和四八年)九月七日判決『判例時報』七一二号、二四頁(一九七三年)。

10 名古屋地方裁判所二〇〇七年(平成一九年)三月二三日判決『判例時報』一九九七号(二〇〇八年)。

11 名古屋高等裁判所二〇〇八年(平成二〇年)四月一七日判決『判例時報』二〇五六号(二〇〇九年)。

12 岡山地方裁判所二〇〇九年(平成二一年)二月二四日判決『判例時報』二〇四六号(二〇〇九年)。

13 自衛隊イラク派兵差止訴訟の会『自衛隊イラク派兵差止訴訟全記録――私は強いられたくない。加害者としての立場を』風媒社、二〇二〇年。

14 佐藤幸治『憲法(新版)』青林書院、一九九〇年。

15 深瀬忠一『戦争放棄と平和的生存権』岩波書店、一九八七年。
16 小林孝輔、星野安三郎編『日本国憲法史考――戦後の憲法政治』法律文化社、一九六二年。
17 和田英夫他編『平和憲法の創造的展開――総合的平和保障の憲法学的研究』学陽書房、一九八七年。
18 星野安三郎、前掲「平和に生きる権利実現の基本構想」。
19 杉原泰雄『憲法Ⅱ――統治の機構』有斐閣、一九八九年。
20 山内敏弘「国際安全保障と平和的生存権」『岩波講座　現代の法二　国際社会と法』岩波書店、一九九七年。
21 浦田一郎、「平和的生存権」前掲『岩波講座　現代の法二　国際社会と法』。
22 樋口陽一編『講座・憲法学(二)主権と国際社会』日本評論社、一九九四年。
23 浦田一郎「国際社会のなかの平和主義」日本公法学会『公法研究』五九号(一九九七年)。
24 浦部法穂『全訂憲法学教室』日本評論社、二〇〇一年。
25 辻村みよ子『憲法　第一二版』日本評論社。
26 小林武『平和的生存権の展開』日本評論社、二〇二一年。
27 上田勝美「世界平和と人類の生命権確立」深瀬忠一他編『平和憲法の確保と新生』北海道大学出版会、二〇〇八年。
28 深瀬忠一他編『平和憲法の確保と新生』前掲『平和憲法の確保と新生』。
29 深瀬忠一他編『恒久世界平和のために』勁草書房、一九九八年。
30 『浦田一郎先生古稀記念　憲法の思想と発展』信山社、二〇一七年。
31 沼田稲次郎『沼田稲次郎著作集第九巻――権利闘争論』労働旬報社、一九七六年。
32 樋口陽一『近代立憲主義と現代国家(新装版)』勁草書房、二〇一六年。
33 フォーラム平和・人権・環境編　前田哲男他著『九条で政治を変える平和基本法』高文研、二〇〇八年。
34 立憲フォーラム「「積極的平和主義」ではなく「平和創造を」――国際的な協調と共存を図るための平和創造基本法案(要綱素案)」二〇一五年四月一日。

第3章 参議院「憲法調査会」から

35 「第一四五回国会 参議院本会議会議録三九号」平成一一年七月二六日。
36 「第一四七回国会 参議院憲法調査会会議録七号」平成一二年五月二日。
37 古関彰一『新憲法の誕生』中央公論社、一九九五年。
38 佐藤達夫『シリーズ戦後史の証言：占領と講和四 日本国憲法誕生記』中央公論社、一九九九年。
39 社会民主党ブックレット『憲法を生きる』社会民主党全国連合機関紙宣伝局、二〇〇一年。
40 浜野輝『H・G・ウェルズと日本国憲法――種の起源からヒロシマまで』思索社、一九八五年。
41 笠井真一「憲法調査会設置の経緯と国会法改正」『議会政治研究』五二号（一九九九年）。
42 大脇雅子「21世紀をどう平和に生きようとするのか」『まなぶ』五〇四号（二〇〇〇年）。
43 大脇雅子「憲法調査会からの報告――論争の新しいパラダイムをめざして」『軍縮問題資料』二四八号（二〇〇一年）。
44 「第一五〇回国会 参議院憲法調査会会議録二号」平成一二年一一月二七日。
45 石川健治インタビュー（聞き手：桐山桂一）中日新聞二〇一七年五月二一日。
46 青井美帆「9条のふたつの意義、改憲は必要か」中日新聞二〇二二年八月三日夕刊。
47 高見勝利「『新たな憲法』の意味憲法改正の「判断準則」と自衛隊「憲法編入」の要否判定」『世界』八九七号（二〇一七年）。
48 伊藤哲夫他『これがわれらの憲法改正提案だ――護憲派よ、それでも憲法改正に反対か？』日本政策研究センター、二〇一七年。
49 立憲デモクラシーの会「安倍晋三首相による改憲メッセージに関する見解」二〇一七年五月二二日。
50 永井幸寿「改正された緊急事態条項の危険」『世界』九一四号（二〇一八年）。
51 小澤隆一「施行70年目の日本国憲法と安倍内閣の改憲策動―首相の5・3メッセージと「米艦防護」をめぐって―」『法と民主主義』五一九号（二〇一七年）。
52 小西洋之「自衛隊明記の改憲は違憲無効であることの証明――集団的自衛権解釈変更という虚偽から紐解く憲法九六条等違反」『世界』八九八号（二〇一七年）。

53　内海愛子他『ある日本兵の二つの戦場——近藤一の終わらない戦争』社会評論社、二〇〇五年。

第III部

国際連帯、非暴力抵抗の地下水脈を受け継ぐ

第1章　国連総会決議「平和への権利宣言」

1　国連決議「平和に生きる権利」序章

戦争の違法化への道は、一九一四年から一八年の第一次世界大戦が一九年ベルサイユ条約、二八年不戦条約を生み、三九年から四五年の第二次世界大戦後、国連憲章二条四項、日本国憲法九条、世界人権宣言、四八年ジェノサイド条約、九八年ローマ規程へと連なってきた。国連憲章二条四項は「すべての加盟国は、その国際関係において、武力による威嚇又は武力の行使を、いかなる国の領土保全又は政治的独立に対するものも、また国際連合の目的と両立しない他のいかなる方法によるものも慎まなければならない」と規定し、三三条は、いかなる紛争も「交渉、審査、仲介、調停、仲裁裁判、司法的解決、地域的機関又は地域的取り決めの利用など平和的手段による解決」を求めることとしている。これらの法からすれば、二〇二二年二月のロシアによるウクライナ侵攻は国際法違反である。救済のための装置として、安全保障理事会、国連緊急特別総会、国際司法裁判所（ICJ）、国際刑事裁判所（ICC）、国連人権理事会（HRC）、欧州安全保障協力機構（OSCE）、東南アジア諸国連合（ASEAN）がある。しかし国連等の機関は機能不全に陥り有効に働いていない。

また反戦・不戦に関しては世界においていくつものNGOが活動している。

今こそ、すべての機関が協力して、戦争の違法化と戦争の停止と抑止に取り組み、多国間または二国間の「外交と対話」が必要である。

2 国連総会決議「平和への権利宣言」の採択までの経過

国連人権理事会では、二〇〇八年以降、「平和に対する人民の権利」に関する決議が毎年採択されていたが、コンセンサス採択ではなく、記名投票に付され、発展途上国が賛成し、先進諸国が反対するという投票行動が繰り返されてきた。

「平和に対する権利」の起源は、世界人権宣言二八条「すべて人はこの宣言に掲げる権利及び自由が完全に実現される社会的及び国際的秩序に対する権利を有する」といわれ、世界人権宣言の前文には、言論、信仰、欠乏からの自由と並んで「恐怖からの自由」が挙げられている。

また一九四五年から四六年のニュルンベルグ裁判と四六年から四八年の東京裁判（極東国際軍事裁判）において「平和に対する罪」が国際犯罪として確認された。「平和に対する権利」は、国連文書でしばしば言及されながら、具体化しようという試みはなかった。

それが二〇一〇年一二月になって、スペイン国際人権法協会を中心とした世界九〇ものＮＧＯによる「平和に対する権利」推進の動きがあり、平和を人権として謳う「サンティアゴ宣言」が採択された。「サンティアゴ宣言」は「平和」の多様性を人権の視点から実現し、戦争や軍事的行動の否定だけでなく、貧困などの構造的暴力や差別や偏見を生み出す文化的暴力の否定を含んでいる。

これを受けて二〇一二年国連人権理事会の下部組織である人権諮問委員会は、「平和への権利」宣言草案を作成することになる。この決議を熱心に推進した国々は、キューバ、中国、ロシアであり、反対したのは、アメリカ及びEU諸国であった。反対した国は、この決議は平和と人権に貢献しない、人権法に否定的な影響を与える、保護する責任との関係はどうなるのか、と懸念を表明した。

しかしEU諸国が反対から棄権にまわり、反対はアメリカ一国となって、作業部会設置が決まった。二〇〇九年にはASEAN人権宣言が人権のための国家間協力の枠組みを確立し、一〇年国際刑事裁判所ローマ規程が「平和に対する罪」の基準を明らかにしている。政府間作業部会において上記草案を土台に宣言案が議論され、一五年に「議長案」が作成された。キューバ政府が「議長案」の修正版「宣言案」を作成し、一六年七月一日人権理事会において採択された。

3　国連決議の採択へ

二〇一六年一二月一九日、国連は「平和への権利宣言」を一三一か国の賛成（反対三四か国）で採択した。イラク戦争の有志連合に参加した国々が反対し、国連総会では、日本政府も反対票を投じた。政府は一七年三月二三日大西健介衆議院議員提出の「平和への権利宣言」に関する質問趣意書に対し、答弁書（平成二九年三月三一日）において「平和の権利宣言の理念については賛同できるものの、十分な審議を経ずに採択された」ことから反対票を投じたこと、「今後は決議に基づく国際的な議論に参画していく」と述べている。

日本のＮＧＯ「平和への権利国際キャンペーン・日本実行委員会」笹本潤事務局長は「消極的であるが、議論に参加する」との表明を評価し、全世界の憲法に「平和的生存権」の明記を呼び掛けている。「宣言」の条約化に向けて、同宣言を国内外の多くの人に伝え、内容を具体化し、反対国の立場を変えるような議論の必要性を指摘している。

宣言の概略は左記の通りである。

平和とは、紛争のない状態だけでなく、対話が奨励され、紛争が相互理解及び相互協力の精神で解決される積極的で動的な参加型プロセスを追求し、並びに社会経済的発展が確保されることである。

第１条　すべての人は「平和を享受する権利」をもつ。

第２条　国家は、恐怖と欠乏からの自由を保障する。

第３条　国家、国際連合、専門機関、ユネスコは、実施するための持続可能な手段をとり、すべての市民社会はこれを支援援助する。

第４条　対話、協力及び連帯を強化する教育を促進する。

第５条　この宣言は、国連の目的と原則に反するものと解釈しない。

国連が平和への権利を個人の人権として認めた意義は大きい。

平和に対する権利は、外国からの戦争行為、自国の戦争準備と遂行、国内の武力紛争などによって脅かされ破壊される。平和に対する権利は平時における紛争予防、戦後の平和構築、軍縮と平和教育、非暴力による紛争解決、戦争宣伝の禁止などで守られる。「平和に対する権利」の法典化、人権としての裁判規範化こそ重要な課題であり、その条約化が目指されるべきである。ロシアのウクライナ侵攻により、武力によらない平和の国際秩序が破壊され、戦争の終結が見通せないいま、国連決議の意味は大きい。

第2章 ジーン・シャープの一九八の実践的非暴力行動

ジーン・シャープは、一九二八年オハイオ州に生まれ、八三年にアインシュタイン研究所を創設、上級研究員として世界の非暴力闘争を調査し、政策提言と教育に尽力し、二〇一八年九〇歳で逝去した。

インドのマハトマ・ガンジーの非暴力・不服従の研究から、非暴力行動に研究の軸を移して、「どのような政治状況に置かれていても、非暴力という武器により闘争を仕掛ければ民衆は社会を変えていける」というメッセージを伝え続けた。一九五三年、朝鮮戦争のための徴兵を拒否して投獄されている。

ジーン・シャープの非暴力行動とは、「物理的な暴力を使わずに権力と闘うこと」で、ただ反対の声を上げるだけでなく、暴力以外の方法で権力のシステムに対して闘争をしかける積極的な行動をいう。その考察は、「政府は、民衆が必要とする以上に民衆の協力を必要とし、民衆の同意と協力なしには権力は維持できない」という現実認識に立脚する。そして、非暴力行動は、支配者が頼みにしている権力の「源泉」（民衆の消極的・積極的協力、追従）を切断し、支配体制の権力を弱体化し、最終的に権力を手放さざるを得ない状況に支配者を追い込む政治闘争であると規定する。

ジーン・シャープは、民衆は「自分が囚われている抑圧の仕組みを自覚し、囚われから自らを解放し、主体的に生きることができる」と説き、非暴力行動は、暴力よりも強大な威力を秘めているとする。彼の非暴力論の主目的は、「リスクを引き受けて、民衆が自分と他者の命を守れるような自己管理の方法」を提案する。

彼は、世界の非暴力行動を研究し、中立的かつ具体的な一九八の非暴力行動を「戦術」にまとめた。それらは大きく三つのカテゴリーに分類される。

i **非暴力的な抗議と説得**（民衆が支配者に異議を申し立てる方法）

歎願、請願、デモ行進、ピケット、集会、パンフレット、ビラ配布、本の出版、演劇、音楽の上演等

ii **非暴力的非協力**（民衆が支配者との関係を拒む方法）

ストライキ（ゼネスト、怠業スト、部分的スト、順法闘争、辞職、病欠スト）及び政治的行政的社会的非協力（市民的不服従、ボイコット、村八分、納税拒否等）等

iii **非暴力的介入**（民衆が行政機関の支配者に直接挑戦する方法）

座り込み、非暴力の職場占拠、断食、立ちはだかる、話し続ける、指揮系統・情報網の阻止、外交断絶、第二政府樹立等

特にジーン・シャープは、非暴力行動に対する権力側の抑圧・弾圧を不可避とし、それに対し民衆

は「恐れを知らぬ心を持ち続け、非暴力の原則を維持し、自分たちの意思を敢然と貫くこと。苦痛を耐え忍ぶ犠牲が必要であり、非暴力行動は必ずしも勝利しない危険と隣り合わせであるから、民衆は危機的事態を想定し撤退や退散を行動計画に組み込んでおかなければならない」と警告する。しかし非暴力行動は、戦争や暴力よりもリスクを最小限に抑える戦術なのである。このような弾圧行為に対しては、「連帯、結束して規律正しく一体となって戦う。暴力的激昂に陥らぬようにする。相手を憎悪してはならない。相手方を含む諸集団から指示や参加を呼び込む」ことを指摘している。

これに対し、良心的な兵役拒否者として東ヨーロッパを中心に平和運動を担ったマイケル・ランドルは、「市民に基礎をおいた防衛」(市民的抵抗)という視点でジーン・シャープと同様に、一九九〇年代のヨーロッパにおける市民的抵抗に光をあて、草の根レベルの非暴力による市民的抵抗は「決定的な武器」であり、民主主義をエンパワーメント(力の強化)すると強調している。

第3章　日本における非暴力抵抗の系譜

1　自由民権運動と非暴力

岐阜の自由民権運動の言い伝えに、「岐阜公園の自由民権運動演説会」の話がある。演説会で何人かの弁士が入れ替わり立ち代わり憲法制定や民選議会開設の必要性を訴えているうちに、聴衆が騒然としてくると、立ち会いの警察官が「中止！解散」と叫ぶ。主催者が「解散」と呼びかけると聴衆はぞろぞろと抵抗もせず「解散します、解散します」と退場、会場が空になって警察官がいなくなると、演説会の演題を変えて再び聴衆が集まって集会が始まる。立ち会いの警察官が再び「中止！解散」と叫ぶ。解散して退場、また演題を変えて集まり、警察官が駆けつけて「中止！解散」、退場して再集結、を繰り返す。岐阜公園の先代の田楽屋のおやじは、田楽を売りながらいつもこの話をお客にしていたという。岐阜の反骨精神は庶民のあいだでこうして語り継がれてきた。演説会は、何枚もの「演題の張り紙」を用意して執拗に開かれたという。また演説会に対する妨害が激しくなると、村や寺、神社の寄り合い、運動会、頼母子講《たのもしこう》、井戸端会議を聞いて、民間のなかへ近代の権利意識は広がっていった。明治期の激化事件や暴動と呼ばれた事件を分析していくと、それはしばしば焼き討ちや打ちこわしの暴力を伴っていたこともあったとはいえ、多くはお役所への嘆願、陳情、請願の類が中心になっていた。権力側の弾圧の激しさが、民衆の抵抗を暴力的に見せていた側面があり、歴史は多くの場合権力側からの眼差しで語られてきたことを見逃してはならない。

明治期の非暴力抵抗の代表例は、田中正造が率いた足尾銅山鉱毒事件の東京押し出し（請願運動）である。一九〇〇年（明治三三年）二月一四日正午過ぎ、群馬県邑楽《おうら》郡佐貫村川俣で、足尾銅山から鉱毒が渡良瀬川に流れ出て、流域の農民が被った大きな被害に関して、政府に請願するために出かけた二五〇〇人の農民とそれを押しとどめようとする警官一八〇名が衝突し、多くの負傷者が出た。この事件は「川俣事件」として現在に語り継がれている。当時衆議院議員であった田中正造は、衆議院会議場において、川俣事件の二日後に「院議ヲ無視シ被害民ヲ毒殺シ、ソノ請願者ヲ撲殺スル儀ニツキ質問書」、四日後に「亡国ニ至ルヲ知ラザレバ之レ即チ亡国ノ儀ニツキ質問書」という有名な演説をする。同年二月一五日の演説では、川俣において警察官の攻撃を受けた現場の状況を「マルデ戦争ノ跡デモ見ル如キノ有様デゴザイマスル」と表現し、「請願ノ要旨ハ渡良瀬川ノ水ヲ清メ、沿岸無量ノ天産ヲ回復セヨ、鉱毒ニ殺サレタルモノノ処置ヲサセ、今ヨリ後ノ人ヲ殺スナ、少シモ悪イコトノ請願デハナイ」と訴えた。田中は、自分の選挙区のことだから誇大に言うのだ、自分の選挙を有利にするためだという心無い朋輩議員の意見に反発して、今日限り憲政党を離脱し、議員を辞職するからと真っ直ぐな私心のない心情を縷々《るる》述べている。二月二七日の演説においては、「法ヲ蔑スレバ国家ヲ蔑スルナリ」と官憲の行為を糾弾している。同じ日に演壇に立った東良三郎衆議院議員（弁護士）は、請願の権利は「憲法上固有ノ権利」であるとし、「ソノ請願ノ目的ヲ達センガタメニ上京スル者ヲ途中ニ抑止シテ目的ヲ達スルコトヲ得ザラシメタノハ何故カ」、多勢の請願は治安妨害ではない、伊勢参りにも大勢集まって行くではないかと応援演説をして議場で問いかけている。

足尾銅山の鉱毒に関する請願運動は、一八九六年(明治二九年)の渡良瀬川の大洪水を契機に、示談交渉から鉱業停止の請願運動へと舵をきる。請願は「東京押し出し」といわれた。なんという農民の実感に溢れた言葉であろう。渡良瀬川左岸の雲竜寺に請願事務所が設けられ、請願は両議会議長、衆議院議員、大蔵省次官、農商務省の局長、部長、課長、各新聞社に訴えかけられたが、所轄の大臣にはなかなか会えなかった。請願の達成は困難を極め、六〇人の村長らの要請を添えても大臣は面会もしない。それどころか請願のため上京した農民に食事を売ることを禁止する処置をとったり、橋を落としたり、船を壊したり、隠したり、巡査が追いかけて上京しようとする農民を殴ったりした。暴力は官憲側から仕掛けられた。しかし三か年続けて請願をし、九八年(明治三一年)第一三回議会において、ようやく両院を通過して、被害救済の請願が採用された。被害農民に請願採択は一縷の望みを与えたものの、政府はこれを無視し、何の対策も行なわなかった。被害農民は、足尾銅山や古川鉱業に大挙して押しかけたり、また一揆のような暴力沙汰は一度もせず、ひたすら中央官庁や地方政府に請願や談判に押しかけ続けた。「農民たちはひたすら憲法を信じ、政府と議会を信じたから」だといわれている。川俣事件を審理する裁判官が、鉱毒の原因調査と被害調査を行ったことで、田中正造が一〇年間、議場で一貫して主張してきたことが、何の誇張もない事実であったことが証明され、やがて内村鑑三ほか多くの有識者が足尾銅山の鉱毒被害の惨状を知るところとなり、救済活動が開始された。

一九〇一年（明治三四年）一〇月二三日、田中正造は衆議院議員を辞職、迷惑のかからぬようにと妻への離縁状を書き、幸徳秋水に直訴状の草案作成を依頼した。幸徳秋水は田中の望むとおり、古式にのっとり、徹夜で直訴状を書き上げた。その年の一二月一〇日、田中は黒紋服、黒袴を身に着けて、衆議院議長の官舎に身をひそめ、第一六回議会の開会式からの帰途にある明治天皇に、白足袋のまま、「謹奏」としたためた直訴状を提出しようとした。度重なる議会での追及に何ら回答をせず、何らの鉱毒対策もしない政府に対し、田中は農民との約束を果たそうとした。しかし、政府は単に狂人が馬車の前でよろめいただけだとして不問に付した。これを機に鉱毒救済運動が盛り上がりをみせた。田中正造はその後栃木県谷中村に住み続け、一三年（明治四六年）九月四日、七三歳で客死。死んだときは無一文、持ち物は日記三冊、帝国憲法と新約聖書、小石三個のみであった。

戦時中、愛知に住んでいた新聞記者桐生悠々《ゆうゆう》は、個人誌『他山の石』を月二回発行していたが、発禁処分や削除処分を四年間で二七回も受けながら、「言わねばならないことを言う」のだと筆勢は衰えなかった。農民一揆や米騒動もまた、草の根の住民からの正当な自由と権利行使の視点からとらえ直す、民衆史の見直しが求められていると思う。

2　戦後の労働運動、ストライキと順法闘争

憲法二八条は、労働者の団結権、団体交渉権、その他団体行動をなす権利を保障している。

一九五〇年から六〇年代は、官公庁では全逓中郵《ぜんていちゅうゆう》事件、日教組勤評闘争、国労事件、全農林警職法事件、民間では王子製紙、主婦と生活社、メトロ交通、正興電機、田原製作所などで厳しい労働争議が多発した。団体行動権は争議権を中核とし、争議権の具体的態様は、ストライキに伴う座り込み（シットダウン）、ピケッティング、出荷阻止、職場占拠、生産管理、サボタージュ、ボイコットなど多様である。私は弁護士登録から三〇年間、労働弁護士として多くの労働事件を担当し、六〇年代は、争議の現場へも幾度となく支援に出かけていた。

憲法上の権利であるストライキ権は、労働条件の向上と改善を目的として集団で仕事を放棄する方法で行われ、市民生活に影響がおよんだとしても、民事責任と刑事責任を免責するので、その合法性と違法性の境界が常に問題化する。一九五七年春闘において政府から大規模な弾圧があり、これを契機に一五〇名の弁護士をもって総評弁護団が結成された。弁護団は、当初は労働争議に伴う刑事弾圧事件を担当し、当時松川事件で自白の危険を学んだことにより、労働者には、任意出頭拒否、逮捕後の全面黙秘、取調べ中のメモ活動、弁護士の名刺配布をして逮捕されたらすぐ弁護士に連絡する、などを推奨していた。弁護士は直ちに接見にかけつける等の活動をしていたが、やがて知恵を使う闘いへと発展していった。弁護士らは争議の現場にはブルーの腕章を巻いて手弁当で出かけ、組合事務所への泊まり込み支援をする、学習会や労働学校のチューター（講師）をする、ピケットや座り込み支援、順法闘争の助言と支援を行う、といった活動をした。

(1) ストライキとピケッティング

ストライキに伴うピケッティングは、前哨や見張りから始まり、旗やプラカードを持ってのパトロール、ビラの配布、スト破り等に対しスクラムを組んだり、バリケードを構築して入門を阻止する実力行使までを含む。判例上当初は「平和的説得」に限定されてきたが、具体的な場合に応じて相手方との相関関係のもとで正当な争議行為の範囲が拡大し「静止的、受動的実力行使」や一定程度の「スクラムによって物理的阻止」することを合法とした。例えば、受け身のスクラム、一時的に通行を阻止しての説得、車の前に体を差し入れる行為、出荷を妨害する行為なども違法性を阻却する判例が出ている。例えば、使用者が「ストライキ破り」を使って操業を図ることは合法的であるが、それに対抗する労働者側の行為はどこまでが正当と認められるのかが常に現場で焦点となった。

多くの判例がピケットを威力業務妨害とするなかで、三友炭鉱事件（昭和三一年一二月一一日最高裁判所判決）は、物理的阻止を適法と判断した。一九四九（昭和二四）年一〇月福岡県三友炭鉱では、ストライキ中、組合員二〇数名が組合を脱退し生産同志会を結成、ガソリン車を運転して石炭を送り出そうとしたところ、組合婦人部長（営繕部、二四歳）がガソリン車前方の線路上に座り込み、「通るなら自分たちを轢き殺して通れ」と叫び運転を阻止した。高等裁判所（第二審判決）は、三友炭鉱は福祉施設が付近の同種の炭鉱と比べ最悪の条件下で放任されていた事情に注目した。社宅飲料水は山間から引き込んだ濁水で消毒施設もなく、労働者は枯渇すると汲水の順番待ちを余儀なくされた。浴場は屋根を設けただけのところに五尺四方の木製の浴槽を置いただけで、脱衣場もなく、公園の腐水を使用し、男女混浴であった。このような環境がストライキの原因であったと認定した。加えて生産同志会は経営者側の縁故者でスト破りを企てたこと、多数の組合員がガソリン車前分線路上に横臥し座り込み、立ち塞がって抵抗していたことを参酌して、ガソリン車を阻止した婦人部長の行為の威力業務妨害罪を無罪とした。最高裁判所も高裁判決を認めて「諸般の状況を考慮して」組合内部の出来事に過ぎず、脅迫や威力をもって就業を中止させたわけではないと判断した。

また、電算財団変電所事件（昭和三二年一一月二五日高松高等裁判所判決）では、一時間二六分間電源スイッチ（オイルスイッチ）を引っ張って切る行為によって停電が行われ、労働組合はスクラムを組んだり解いたりしていたが、判決は、スキャップ（スト破り）は、「おだやかな説得を聞き入れないのが通常である」から「やむを得ない場合には、正当な争議行為として、暴力にわたらない限り、ある程度の実力行使に出ることを好むと好まざるとにかかわらず容認せざるを得ないのであって、防衛的に列を作り、腕を組み合う（スクラム）等によって事業場への入場を阻止する行動は正当な争議行為である」と判示した。つまり正当性の範囲は使用者側に責むべき事由があったかどうか、挑発的なまたはフェアでない場合であったかどうかが参酌され、その意味で合法性の範囲は、諸条件に応じて流動的かつ相対的である。スクラムは、説得のためであり、団結の威力を示す限度では暴力の行使とはならず、適法なのである。

(2) 争議行為――サボタージュ、ボイコット、職場占拠

サボタージュは、怠業ともいわれ、労働は続けているが、その能率を低下させる行為をいう。サボタージュは「受動的抵抗」といわれ、例えば一九一九年（大正八年）の川崎造船所事件では、「連日工場に出勤して来てもその場にあって拱手傍観《きょしゅぼうかん》、機械の破壊や狼藉はせず、機械を動かしながら、ノラリクラリとほとんど仕事はしない」（ルビ：引用者）ものとした。戦争末期のオシャカの製造、交替欠勤、交代休息、早退などの抵抗がある。しかし、日本ではあまりとられていない。

ボイコットの原型は、「共同絶交」であるといわれ、商品（労働力も含む）を買わないという形で表れる。日本の労働組合によってはほとんど採用されていない。

生産管理は、労働者の団体が争議の目的を達成するため、使用者の意思に反し、使用者の工場や設備を自己の手で管理して専有下におき、使用者の指揮命令を排除して、企業管理、業務管理、文書管理、経営管理等をすることをいう。労働力のコントロールを超えて使用者の業務妨害に本質がある。最高裁裁判所が原則違法を判示したことで争議行為としては許されない。

職場占拠は、ストライキの実効性を確保するため、工場、敷地、職場に滞留し、占拠する争議行為であり、座り込みストともいう。労務不提供を超えて使用者の生産手段を占有する点で問題がある。いかなる構内や場所に座り込むか、操業の可能性があるか、工場構内における労働者の行動等によって違法性を阻却する。

私は何度も職場占拠の現場に出かけたが、占拠の場所を玄関、廊下、会議室、組合事務所に限定し、機械のあいだには入り込まず、連日連夜の団体交渉と併用して、職場占拠の場所や態様を変えて、労働条件の改善というストライキの目的を達成することに努めた。これらはすべて非暴力抵抗であった。

(3) 順法闘争――労働者の護身術

順法闘争は、労働者保護のために制定されている労働基準法その他労働法規を遵守することによって行う労働争議の形態である。順法闘争という特殊日本型労働争議の類型は、i 日常の職場において労働者の労働諸法規の不順守や無視が公然かつ慢性的に行われているという前近代的労使関係があること、ii 特に国家公務員法、地方公務員法、公共企業等労働関係法において争議行為が禁止されていたことから「護身の術」として発展してきた。順法闘争の積み重ねは、労働者の権利意識を掘り起こし、必然的に強力で積極的な争議権行使へと発展する契機ともなった。労働者は、労基法三二条の制限内（八時間労働制）で労務提供義務を負い、それ以上の労働は労働者の自発的な労務提供にすぎないという原則に立って、i 定時出退勤（サービス残業の拒否）、休日労働拒否、残業拒否、宿日直拒否闘争、ii 安全保安闘争（安全衛生規則や炭鉱などの保安協定を順守し、違法な業務を拒否する）、iii 有給休暇闘争などがなされる。例えば、早朝や退出時のサービス労働を拒否することによって正常な業務に混乱を生ずるが、それは使用者が早出、居残りの残業手当の支払いや定員を増加すれば解決する。残業協定の労基法三六条の締結の拒否、協定のない違法残業の拒否、協定の締結のある場合に個別的残業命令の拒否の自由によって、業務の混乱が生じてもそれは労使協議の問題であって違法とはならない。また、危険防止に必要な諸設備を完備しなければ業務に従事しなくても違法とならない。さらに、有給休暇は、取得の日時指定権や時期変更権は労働者側にあり、一斉であろうと個別であろうと代替労働の配置が使用者の責任となる。労働者保護法規に反する場合は正常な業務の運営とはいえないからである。

特に、日本においては官公労働者のストライキ禁止条項との関係で順法闘争は効力をもった。例えば、国鉄における順法闘争では、安全、運転、点検に関する諸規則（安全運転規則）を順守すれば、たちどころに運転の遅延が発生した。列車の乗客終了の確認をしてドアを閉める、赤信号の時には見込み運転をせず必ずストップする、危険と感じた時は必ず減速する、などである。郵便業務においては、小包の受付配達において住所氏名を確認する作業を丁寧に行っただけで滞貨が発生する。滞留業務処理拒否闘争によって滞貨はますます増えた。当局はやむなく人員増加を計画せざるをえなかった。

幹部の責任の追及を逃れるため職場集会の開催やむなしとなったとき、開催寸前に役員が辞職する、組合事務所への立ち入り禁止処分が出たときには、組合事務所の場所を少し移転する（むかで闘争）など、知恵の限りを尽くして現場は抵抗を続け、やがてはスト禁止条項の改定へと政府に舵をきらせた。

これらは、すべて非暴力闘争であったが、現場の労働者は順法闘争を「権利闘争」と呼んでいた。

一九六〇年代後半になると、争議行為に対する政治的弾圧、使用者側による労働者の解雇や不当労働行為（組合活動への介入、差別、村八分、団交拒否）が増え、第二組合による組合分裂が頻発し、現場のストライキより法廷闘争が多くなっていった。労働争議件数のピークは、七四年の一万四六二件であったが、労働組合の力は次第に弱まり、争議も減少していった。八九年ベルリンの壁が崩壊した年に労働運動の中心を担っていた「総評」（日本労働組合総評議会）も解体した。

いま、労働者の賃上げを政府が経営者に要求する時代となった。一部の経営者は心ばかりの賃上げをするが、多くの経営者が経営がひっ迫していて賃上げはできないという対応をしている。物価が高騰して賃上げはそれについて行っていない。労働組合活動の復権を、と願う。いまこそ順法闘争は最も効果的な非暴力抵抗なのではないだろうか。

3　本土復帰後の沖縄の非暴力抵抗

(1)　基地の真ん中に村役場を造る

一九七四年、人口三万五千人の読谷村に三九歳の若い村長が就任した。山内徳信、一九三五年（昭和一〇年）生。終戦時は一〇歳の小学生、八月末まで国頭の山の中に隠れていた。避難小屋の中にいた人が米兵に小屋ごと火炎放射器で焼き殺されるところを目撃した。栄養失調で死ぬ人も多く、爆弾が落ちて友人たちが岩の下敷きで亡くなった。彼は歴史の高校教師となった。一七七六年の「アメリカ独立宣言」やガンジーの非暴力抵抗について学び、沖縄復帰運動には、ひたすら「日本国憲法のもとへ」との想いで参加した。

一九九七年三月二二日、米軍基地の中で読谷村新庁舎の落成式が行われた。新庁舎は、地下一階、地上三階、延べ床面積八四九五平方メートル、沖縄特有の赤い瓦のなだらかな屋根、角ばった柱やコーナーがない「人を温かく招く」建物である。前の門柱には沖縄の守護神シーサー、右側には「平和の郷」、左側には「自治の郷」と彫られている。二〇〇二年私は読谷村を訪ね、山内村長から庁舎を基地内に造るまでの非暴力抵抗の顛末の聞き取りをした。

読谷村は、占領直後は九五%、復帰時は七三%が基地で、極東最大の「嘉手納弾薬庫」、パラシュート降下訓練場の読谷補助飛行場、象の檻と呼ばれる楚辺通信所を持つ。パラシュートに吊り下げられて降下したトレーラーに少女が押しつぶされ、角材や鉛のかたまり、ドラム缶が民家に落ち、降下したアメリカ兵が畑を踏み荒らす。これが読谷村の闘い方であった。

一九七六年七月、米軍のアンテナ基地建設反対のため、村ぐるみの座り込みが始まった。行政、議会、農協、青年会、婦人会、商工会、漁協すべての団体が集まり、「読谷村地域共闘会議」を作り、基地反対と村づくりのための非暴力抵抗を行う。政党参加は認めない。分裂の契機を絶つひとつの知恵である。司令官へ何回もの面会の要請を重ねて工事は一時中止へ。機動隊に守られて工事が再開されると、再び村ぐるみの座り込みが続いた。村長は一方でカーターアメリカ大統領への直訴状を書いた。一村長が直接大統領に手紙を出すとは何事か、と外務省や防衛施設庁からの妨害もあったが、ついにアンテナ基地は白紙撤回となった。八六年再び滑走路損壊補修訓練のため、三〇〇〇坪の農地を潰す計画が持ち上がり、村では二四時間監視小屋を造り、村民二〇〇人がブルドーザーの前に座り込んだ。読谷村の「村旗」のもと三〇〇〇人の村民による集会、デモによる阻止行動に対し、機動隊のごぼう抜きが始まり、対する村長は、「今後一切、あんたたち警察の防犯や交通安全に協力せんぞ」と叫ぶ。座り込む村民は、機動隊の前で沖縄の民謡を歌う、カチャーシーを踊る。相手方は拍子抜けをして突っ込むのを中止してしまった、という。村長は村民に呼びかける。「水の如くやれ。弱い者の闘いには、知恵を働かせる。まず、読谷村民が先頭に立つ。反社会的なことはやってはいけない。外部の団体は手を出さないでくれ。どうにもならないとき支援してもらいたい。これが村ぐるみ闘争の原則である」

また、「基地内に野球場を」構想から五年、一九八七（昭和六二）年、村に「平和の森球場」ができた。日米合同委員会、米大使館総領事、外務省や防衛施設庁に何度も陳情を重ねて了承をとりつけ、次いでナイター用施設も造った。九五（平成七）年六月の庁舎建設の合意を経て、二年後の九七（平成九）年三月、ついに基地の真ん中に新庁舎が落成した。誰もが予想していなかったが、ねばり強い非暴力抵抗が奇跡を生んだ。

庁舎の正面玄関には憲法九条の碑、山内村長室には九条と九九条（憲法擁護義務）の掛け軸が飾られている。山内村長は村ぐるみ闘争を憲法の平和的生存権のための闘いと位置づけてきた。

(2) 辺野古の座り込み

辺野古の新基地建設反対の座り込みが三〇〇〇日を超えた。土砂の運び込み時間に合わせて、辺野古のゲート前に毎日座り込み、ごぼう抜きされても諦めない。船への積みこみをする安和《あわ》桟橋と本部町塩川港の出入り口では、毎日一三時間一二〇〇台から一一〇〇台のダンプが作業している。立ち止まると道路交通法違反に問われるので、歩道を歩き続けて、採石の積みこみを少しでも遅らせようと抵抗を続けている。カヌーは、桟橋の下まで漕ぎ出す。辺野古大浦湾の海上で、海上保安庁の保安官に何度も海に突き落とされ、いやというほど海水を飲まされても、海に出る。保安官に拘束されてもへこたれない。非暴力抵抗は、知恵を出し合って、柔らかに、時には激しく、戦術を多様化しながら続いている。辺野古の海に最初の土砂が運び込まれたとき、「二〇〇年過ぎても、海は必ず取り戻す」と海辺で叫んだ青年がいた。抗議集会も何度も開かれている。また宿営型表現の自由といわれる辺野古の海辺のテントは、場所を変えながらすでに七〇〇〇日を超えて設置され続けている。

二〇一九年六月二一日、第七回日本平和学会（会長・阿部浩己明治学院大学教授）・平和賞は、山城博治平和運動センター議長に授与された。選考委員会は、その選考理由を次のように述べている。

「日本政府は辺野古を「唯一の選択肢」と位置付け建設事業を推進するものの、沖縄の人々は、国政・地方・知事選挙、県民投票などあらゆる機会をとらえて、反対の意見を表明し続けてきた。現場では、機動隊や海上保安官らによる強制排除を受けながらも、工事の進行を阻止しようと、連日、基地のゲート前で、積出港で、あるいは海上で、多くの県民たちの抵抗が続いている。

平和運動センターをはじめ多様な平和運動が連携する沖縄平和市民連絡会議を軸に展開されてきているこの抗議行動は、国家の強大な暴力と軍事主義にあらがう、現代世界における代表的な市民的抵抗の一つに相違ない。米軍北部訓練場のヘリパッド建設に反対し、東村高江の夜のゲートを一人で守り続けた時期も多かった山城博治氏は、座り込み、基地封鎖など自らが主導する行動に託した想念を次のように表白している。

たたかいの中でこそ民主主義が鍛えられるのだとすれば、米軍の新しい基地を阻む県民の抵抗は、沖縄の民主主義の歴史に新たなページを加えることになるに違いない。私たちは非暴力だけれども、決して後に退かない。将来の沖縄を生きる世代に、基地のない沖縄を残すとともに、自分たちの運命は自分たちで決めていくという沖縄人の気概を残したい。(『辺野古に基地はつくれない』(共著、岩波ブックレット、二〇一八))

非暴力と自己決定権に依拠した人権・民主主義の思想にその行動が確固として裏打ちされていることがうかがい知れる。山城氏らが重ねてきた抗議行動は、新基地建設事業の工期を遅らせるという直接的な効果をもたらすだけでなく、日本の内外に連帯の輪を広げ、「本土」との関係にあっては、日本の安全保障・民主主義のあり方を根源的な次元で問い直し、沖縄に暴力が集中する差別的構造のありかを深く認識させる契機となって立ち現われている。

軍事主義・軍事基地なき沖縄が東アジアの平和の基礎と考える山城氏らの実践する抗議行動には、顕著な特徴が見て取れるが、その主たるものは次のように集約できる。第一に、非暴力を行動の理念として徹底して追求していること、第二に、不正義と闘う手段においても非暴力性を徹底して追求し、現に実践していること、第三に、直接に対峙する相手を殲滅すべき「敵」とみるのではなく、闘争の根幹に共通の良心・人間性に対する信頼を据えてきたこと。そして第四に、沖縄の民意が蹂躙されている事態を是正するため、日本国および米国に向けて、「人民の自己決定権」という現代国際法上の基本原則に従った真の遵法行動をとるよう促す積極的な意味合いを込めていること、である。山城氏らの絶えざる非暴力抵抗行動を通じ、沖縄に対して剥き出しされる国家の暴力の実相が確然と反照射されてもいる。

これらの主特徴に鑑みるに、山城氏らの抗議行動は、まさしく、世界各地で重大な不正義と闘う多くの人々が具現化してきた「非暴力直接行動」あるいは積極的な形態の「市民的不服従」の現われというべきものにほかならない。これを別言すれば、普遍的な法・正義の理念の実現に向けた非暴力による変革の要求であり、巨大な力・不正義に抗する徹底した平和主義の表出といってよい。そのようなものとして、同氏らの抗議行動は、人類が各所で積み重ねてきた誇るべき非暴力市民的抵抗の系譜の中に明確に位置付けられてしかるべき格別の意義を有しているといえる。（略）もとより、軍事主義に抗する沖縄の非暴力市民的抵抗は、年齢や性別などの違いを越えて継承され、多様な人々によって担われてきたことはいうまでもない。当選考委員会は、そのすべての人々への思いも込めて、山城博治氏に平和賞を授与するのが適切であると判断した」

孫歌中国社会科学院教授は、二〇二二年五月に中国で開かれたシンポジウム「琉球・沖縄「世替わり」の歴史と東アジア国際秩序の変遷」において、「沖縄の民衆は自らの方式で新しく定義した政治的意味をこめて「平和政治」（非暴力の政治）の形態を創造した。長期の座りこみが結果的に成功をするかしないかを問わず抵抗運動を放棄しない。今日の世界にあって、これは沖縄の政治が作り出した奇跡である。この奇跡は、明らかに政治の新しい存在形式を示すものである」と述べている。

(3) 現場の「事実」を見る眼差しをめぐって

沖縄高江における警官隊と住民の抵抗についても、同じ事案にもかかわらず、裁判所によって事実の認定と判断が異なる。高江の住民内でも、自分たちの抵抗が非暴力抵抗であったとの共通認識が必ずしもあったとは言い難い。非暴力抵抗を掲げてテントに日常的に座り込んでいた人たちのなかですら、警察官に対する抵抗は違法だと考えて、二〇一六年七月二二日の沖縄高江の座り込みに参加しなかった人も少なからずいた。

名古屋高等裁判所の事実認定は下記のとおりである。

「機動隊はN1ゲートの北側と南側に参加者が近づけないようにしたうえで、N1ゲートの路側帯に駐車されていた本件車両の上に載っていた参加者一〇から一五人を強制的に引きずりおろし、レッカー車で本件車両を撤去した」

「最後に、機動隊がN1ゲート前の路側帯に置かれていた本件テントを囲み、誰も近づけないようにしたところに、沖縄防衛局の職員が本件テントとその中にあった動産を強制的に搬出した」

しかし名古屋地裁一審判決は、「参加者は①非暴力②警察の介入を受けることはしないといったルールを掲げつつも、ヘリパッド工事現場の出入り口にテントを設置し、座り込み、工事作業員が入場する際に立ちふさがり、出入り口を封鎖するなどして移設工事を妨害した」として、道路交通法違反、威力妨害罪と認定した。東京地方裁判所一審判決では「N1地区入口前の車両及びテント撤去については、沖縄県警察と沖縄防衛局のあいだで事前に必要な調整が行われたことが認められるにもかかわらず、撤去の問題点の指摘に反論しないことからすると、上記撤去行為の適法性については看過しがたい疑問が残る」と根拠法もない警察の権利濫用に警告を発した。これに反し東京高等裁判所は「道路上に車両やテントは放置されていた」とし、「路側帯の車両は道路の通行妨害であり、テント撤去は沖縄防衛局の行為であって、訴えの相手方である警察ではない」「当時の状況からして負傷者が発生する蓋然性が高い警備は正当であった」と認定している。那覇地方裁判所は、「沖縄県は抗議参加者らが駐車ないし設置している車両及びテント等につき、道交法三二条違反を理由に撤去するよう文書指導したものの撤去されず、かつ、その所有者も不明であった」「車両を雑然と駐車し、座り込むなどしたため、他の車両の通行が物理的に不可能な状態となり、警察官との間でもみ合いが生じた」と事実認定した。福岡高等裁判所那覇支部は「車両が長期間放置されていたことは、交通の妨害になる」ので道交違反であると認定し、テントに関しては、「所有者の了解がなく、撤去の法的根拠も不明であるが、沖縄防衛局の撤去行為に警察が特段の措置をとる必要性はなかった。特にテントは移動式で財産的損害も高いものではなく、抗議の意思表示を示す情報発信の場であったことを踏まえても警察の保護には値しない」と切って捨てている。法的判断は道路交通法と刑法の威力妨害罪の構成要件該当性の問題なので裁判所の判断は紙一重である。

法的判断は裁判所の独立した権限だとしても、法的判断とそのもとになる事実認定の違いはどこから生まれるのか。基本的には、権力側から状況を見るか、住民の抵抗の側から事象を判断するかの眼差しの違いであろう。権力側から見れば「治安」や「秩序」が重大視され、住民の抵抗側からすると「いかなる自由と権利の行使に依拠した行動であるか」が問われる。沖縄高江の住民の抵抗は、表現の自由の範囲内の平和的説得行為であった。司法の反動化がいわれるとき、司法判断は常に権力側の意向が忖度される。判決は、裁判官の「良心に従って」どのように判断されるのか、裁判官の眼差しがそれを左右する。現場の事実の判断においても、権力の眼差しに合わせて歴史が編まれてきたように、常に民衆の側の忖度、同調、無関心が権力の立場を強化している。人間の尊厳を護る「自由と人権の視点」から事実を見る眼差しを取り戻す必要がある。日本人は、権力に従順すぎるので、権力の濫用に寛容になりやすい傾向がある。事実を草の根の抵抗運動から視る眼差しを獲得することがいまこそ重要である。権力に飼いならされないように、「事実」を視る眼差こそ大切だと思う。

二〇一六年一〇月、山城博治沖縄平和運動センター議長が、高江のヘリパッド建設の現場近くの有刺鉄線を切断した容疑で逮捕された。名護市のキャンプ・シュワブ前の新基地移設工事現場で、ブロックを積んで工事を妨害し、防衛局職員の肩をつかんで揺さぶり、怪我を負わせた罪にも問われた。彼が切断した有刺鉄線は、住民が自ら作った建設現場への獣道に防衛局職員が一方的に張り巡らした剃刀鉄線で、現場における抗議集会参加者の安全のため切断したもので、むしろ緊急避難的な行為であった。通常は微罪にもかかわらず器物損壊罪の起訴であった。辺野古の海辺にブロックを積んだ行為に対する公務執行妨害罪と高江のN1ゲート裏の防衛局職員とのもみ合いに対する傷害罪は否認したまま、彼は裁判前五〇〇日間にわたって拘留された。デビッド・ケイ「表現の自由」国連特別報告者は、「訪日報告書」(A/HRC/35/22/Add.1、四月一六日から一九日訪問)において、「そのような長期間の拘束は山城氏の被疑事実に比して不均衡で、二〇一七年三月保釈されたが、特別報告者は、こうした日本政府の行動は、表現、特に公の抗議活動と反対意見の表明を委縮させせかねないと懸念している」と意見を表明した。

最近出された東京高等裁判所の判例を見てみよう。原告は辛淑玉《シンスゴ》、被告は株式会社DHCテレビジョン。沖縄高江の事件に関して、原告が座り込みに参加した人たちへ金銭の援助をし、扇動した「黒幕」と報じた被告に対して、名誉棄損に当たるとして五五〇万円の慰謝料と謝罪文の掲載を認めた。その事件において被告側が主張した沖縄高江の現場の状況について、裁判所の「適示事実」によると「現場では過激な反対運動が行われている」「反対派に襲撃される危惧があった」「反対派の暴力行為により、地元住民も高江に近寄れない」「警察でも手に負えない」「過激派が救急車を止めた」「防衛局、機動隊の人が暴力を振るわれている」との発言やナレーションがあり、「反対派が犯罪行為を繰り返している」「テロリスト」「反対派は日当をもらっている」のテロップがあって、一般視聴者に誤解を与える放送であった。本件は原告に対する名誉棄損の存否が争点であって、直接高江のヘリパッド建設現場の状況について判断したものではないが、「被告の主張には真実性が認められず、正当な理由のない」と判示したことは、間接的に、報道が真実ではないことを判断している。BPO放送倫理検証委員会は、DHCテレビジョンの放送番組は「重大な放送倫理違反があった」と批判した。

なぜこのような真実性に反する悪意の報道がなされるのか。いみじくも被告が「報道はわが国の防衛政策と密接な関係を有する在日米軍の基地に関するもの」で、公益を図る目的で公表したと述べて、違法性を阻却すると抗弁（反論）していることから推察すると、根底には沖縄の基地問題への差別、偏見、ヘイトクライム（人種、民族、宗教、性的指向等による特定の属性を持つ個人や集団に対する偏見や憎悪がもとで引き起こされる、いやがらせ、脅迫、暴行等の犯罪行為）があることが理解できよう。高江に派遣された大阪府警の警察官が、現場で「土人」と発言したことにも通じている。ヘイトは、「魂の殺人」ともいわれているように言葉の暴力である。また、必死にたつき（生計）を立てながら、辺野古の海辺の座り込みを行う人びとを「笑う」眼差しも、人間の尊厳を傷つける暴力といえよう。

第4章　憲法と非暴力

一九六八年の宮田英雄『非武装国民抵抗の思想』（岩波新書）と七二年の久野収「核の傘にかわる非武装防衛力」（『平和の論理と戦争の論理』岩波書店）は、六〇年代後半から七〇年代にかけて、核の時代を迎えて憲法九条を持つ日本は非武装国家として生きるべきだと訴え、若者の心をつかんだ。非暴力抵抗について、石田雄東大社研教授が詳しく論じている。憲法研究者としては非暴力に関して次の四氏の言及が参考になる。

平和的生存権の研究者深瀬忠一北海道大学教授は「非暴力行動と政治の一考察――「市民抵抗」による防衛について――」（『北大法学論集』三六巻一・二合併号、一九八五）という「研究ノート」において、一九七三年に刊行されたジーン・シャープ著「非暴力行動の政治学（原題：The Politics of Nonviolent Action)」とアダム・ロバーツ「市民抵抗のすすめ――日本の安全保障を再考する」（『世界』四四一号、一九八二）を詳細に紹介し、「とりわけ、シャープが、日本の柔道にヒントを得て、約二〇〇の非暴力抵抗手段を提示し、また、ロバーツが我が国の平和憲法は非軍事的市民抵抗による防衛の検討と代案づくりを要請していることに、注目」した。いずれも「従来の憲法の平和主義の解釈論の盲点を突くもの」という。そして「絶滅的な大量破壊兵器の脅威のもと過重な軍備負担を課する核時代の安全と防衛政策は、何時までも暴力に対しては暴力をという論理の呪縛下にあってよいものであろうか。

いったい、核時代に、安全や防衛とは、現実的・具体的に、何を、何から守る事か。その目的が明確になれば（筆者〈＝深瀬──筆者補〉は、日本国憲法は国民そして人類の平和的生存権を破壊と恐怖と欠乏から守ることが目的だと考えている、と解している）、その防衛方法は、非暴力的行動の極めて多数の手段の体系的使用に依拠する方がはるかに効果的な善い方法ではなかろうかと、「冷静な頭」で真剣に考うべき時であろうと思う」「沖縄復帰運動は非暴力の「日本型モデル」である」と述べる。

水島朝穂早稲田大学教授は、「人間とその権利は、人権の名において軍事的に破壊されたり、侵害されてはならない」との立場から、「人道的介入」と非暴力の関係について論じる。現実には多様な「平和の創造」は国連機関や国際的NGOによる活動によって行われていることに注目して、「日本国民は、軍事力によらざる「非暴力的介入」の手段と方法を工夫・開発・展開していくべきであろう。──人権に適合的な、非軍事的遮断によって貫徹される法秩序、政治的決定過程への現実の参加可能性を開くことなどが含まれる」と述べる。

二〇二二年九月二四日の京都弁護士会憲法委員会主催のシンポジウムにおいて水島は、武器供与のリスクと副作用について、「核戦争防止国際医師会議」がまとめた資料を紹介した。それによると、i 武器は紛争を掻き立て長引かせる、ii 武器供与は中立性を妨げる、iii 武器供与は武器輸出の統制を困難にする、iv 武器は防衛のためだけに役立つのではない、v 武器の移転が続く、vi 武器供与はエスカレートしていく、として「武器供与は、制御不能なリスクにつながりうる」ので、交渉と外交に基づく他の手段を取るべきであると警告する。

君島東彦立命館大学教授は、国際NGO「非暴力平和隊」の実践（非暴力介入による紛争予防、紛争後の平和の構築、人権監視、選挙監視など、武器をもたないで人々の命を守る運動）を踏まえて、「NGOの憲法学」という憲法秩序の新たな組直しを提唱している。ここでは世界規模の、国家によらない地球市民による水平的な非暴力秩序が構想されよう。

清末愛砂室蘭工業大学教授は、「非暴力・非武装の実践——安倍改憲と対局にあるもの」（『季刊ピープルズ・プラン』八三号、二〇一九）において、ヨルダン川西岸地区（ベツレヘム、ナーブルス、ヨルダン渓谷）での非暴力抵抗運動やRAWA（「アフガニスタン女性革命協会」一九七七年に創設された暴力からアフガン女性の人権を守り、民主化と平和を求める非暴力抵抗による組織）への参加の実践から、四〇年にわたる過酷な弾圧に耐えながら粘り強く非暴力による抵抗運動を続ける彼女たちの忍耐力に魅了され、「非暴力による戦いや行動は、その原則に従う者であれば、基本的に誰にでも開かれたもの」であり、「それだからこそ多数の人々をひきつけ、動かす力を持つ」として、「非暴力・非武装の効力」を確信する。そして清末は自らの行動を「全世界の国民の平和的生存権の確認作業の実践である」と解して、「この実践の核となる行動規範の一つは、憲法前文の解釈基準の下にある九条の精神である非軍事・非武装ということになる」と述べる。非暴力・非武装は信頼関係の構築に不可欠な行動規範であるという。彼女は、沖縄高江の座り込みに参加していて、警察官のごぼう抜きにあい、顔や手にかすり傷を負った。

最後に、深瀬論文に示唆されて、アダム・ロバーツの「市民抵抗のすすめ」を読む。

アダム・ロバーツは「市民抵抗」を「一種の非暴力行動であり、特定の敵対する権力や勢力に対する持続的で相互に調整の取れた一連の諸活動」と定義し、「市民的」というのは「平和的で礼節を保った、非軍事的なという意味合い」を含むと述べている。そして市民抵抗による防衛が可能となる条件について、ⅰ或る程度の社会的結束と規律が保持され、国内暴力がかなり低い水準にあること、ⅱ自己の社会・政治制度や文化に対する意識が強く価値を感じていること、ⅲ全体戦争の危険性に対する一般的認識と軍備の価値に対する懐疑心があること、ⅳ遠い同盟国や植民地防衛よりは、自分自身の領土や社会の防衛に関心をもつこと、ⅴ国内的・国際的紛争で市民抵抗を活用する伝統があること、と挙げていることは示唆に富む。私は、日本の風土と日本人の気質から考えて、非暴力抵抗は日本人と親和性を持つと思う。

いま、世界では非暴力抵抗の中核的権利である「言論、表現の自由」が封殺されていることが問題視されている。戦争や独裁は常に言論・表現の自由の抑圧から始まる。言論・表現の自由は、民主主義を支える市民的自由のなかでも中核的で、高度かつ不可欠の自由である。ロシアではウクライナ侵攻以来、ジャーナリストや反戦運動を行った市民の拘束が多発し、反政府報道には長期刑が科されている。イラン、ミャンマー、ベラルーシ、アフガニスタン、ハンガリー、トルコなどの独裁的色合の濃い政権では、言論、表現の自由を抑え込む傾向が強まっている。そこには中国における香港の言論弾圧も含まれる。

一九四八年の世界人権宣言は、「すべての人は意見及び表現の自由に対する権利を有する。この権利は干渉を受けることはない」と規定した。国際人権規約一九条は、「すべての者は干渉されることなく意見を持つ権利を有する」とし、二条は、「戦争のためのいかなる宣伝も法律で禁止する」と規定している。二〇二〇年一〇月現在、国際人権規約の締結国は一七三か国、署名国七四か国。署名のみで批准していない国は中国、署名していない国はミャンマー、サウジアラビアである。戦争に反対しただけで敵として攻撃され、逮捕や拘束される状況とメディアの規制には、国連を中心に、幅広い人々の異議申し立てと国際的連帯のもと、デモや集会など非暴力の市民的抵抗が保障されなければならない。先に紹介したデビッド・ケイ「表現の自由」特別報告は、「日本は強国で称賛に値する公共のデモの文化を享有しており、それは特に街角での静かな抗議や小規模な行進として行われている」と述べる。留意して、私たちの伝統ともいえる言論・表現の自由を守り、権利の行使を続けなければならない。二〇二二年一一月三日、市民的及び政治的権利に関する国際規約（以下自由権規約）の実施状況に関する第七回日本政府報告書に対して、総括所見を発表した。いわゆる秘密保護法、共謀罪法が、テロ組織犯罪対策と無関係な多数の犯罪を対象としていて、表現の自由、平和的集会及び結社の自由等の基本的権利を不当に制限するおそれがあると指摘し、法改正と適切な人権保障措置の導入等を求めている。また「平和的デモ参加者、人権擁護活動家、平和的デモを取材するジャーナリストを民間主体による脅迫、威嚇、いやがらせ、攻撃から確実に保護すること」（日本弁護士連合会仮訳）と勧告していることに注目される。

しかし日本の現実に目を転じると、ロシアのウクライナ侵攻を受けて、欧米の経済制裁に参加し、政府は軍事予算の曖昧な増額と軍備の拡張に大きく舵をきった。声高に台湾有事が論じられて、沖縄南西諸島におけるミサイル配置など防衛力強化が進んでいる。「自衛隊加憲の憲法改正」も政府の方針として揺るがず、いままさに憲法の平和的秩序が崩れようとしている。確実に「妖しげな気配」が漂い始めた。戦争が始まる前に、アジアと日本において非暴力抵抗による反戦・不戦の運動の高まりと広がりが必要である。戦争を回避するために、いまこそ市民の力が試されている。

軍事力・軍事的なるもの、暴力や差別、いじめに陶酔してはならない。同調圧力から生まれる熱狂に巻き込まれたり、流されたりしてはならない。

主要文献一覧　第Ⅲ部

第Ⅲ部

第1章　国連総会決議「平和への権利宣言」

1 笹本潤「国連・平和への権利――日本からの提言⑭平和の権利が国際法になった――国連総会で平和への権利宣言採択(下)」『法と民主主義』五一八号(二〇一七年)。
2 笹本潤「「平和への権利」国連宣言の意義」『人権と部落問題』九〇二号(二〇一七年)。
3 東沢靖「国連人権理事会における「平和に対する権利宣言」の起草―その意識と課題―」『明治学院大学法科大学院ローレビュー』一八号(二〇一三年)。
4 前田朗「平和の権利が国際法になった―国連総会で平和への権利宣言採択(上)」『法と民主主義』五一七号(二〇一七年)。
5 飯島滋明「「生成中の権利」としての平和的権利宣言」『名古屋学院大学論集　社会科学編』第五四巻二号(二〇一七年)。
6 武藤達夫「国連人権理事会における「平和への権利に関する宣言」の採択経緯に関する考察(短期共同研究プロジェクト平和への権利をめぐる協議のダイナミズムと国際機構におけるその意義)」『ジュリスコンサルタス』二六号(二〇一八年)。
7 最上敏樹『国際立憲主義の時代』岩波書店、二〇〇七年。
8 横田洋三編『国連による平和と安全の維持――解説と資料』国際書院、二〇〇〇年。

第2章　ジーン・シャープの一九八の実践的非暴力行動

9 ジーン・シャープ『武器なき民衆の抵抗――その戦略論的アプローチ』小松茂夫訳、れんが書房、一九七二年。『独裁体制から民主主義へ――権力に対抗するための教科書』瀧口範子訳、筑摩書房、二〇一二年。『市民力による防衛――軍事力に頼らない社会へ』三石善吉訳、法政大学出版局、二〇一六年。『非暴力を実践するために――権力と闘う戦略』谷口眞紀訳、彩流社、二〇二二年。
10 マイケル・ランドル『市民的抵抗――非暴力行動の歴史・理論・展望』石谷行他訳、新教出版社、二〇〇三年。

第3章　日本における非暴力抵抗の系譜

11 「衆議院議事速記録第二七号」明治二三年二月一五日、同「二九号」明治三三年二月一七日。
12 『田中正造全集』第二巻、第八巻、第十巻　岩波書店、一九七七-八〇年。
13 大澤明男「評伝　田中正造」幹書房、二〇一二年。
14 日本労働法学会編『労働法講座第三巻　労働争議』有斐閣、一九五七年。
15 大脇雅子「順法闘争」日本労働法学会編『新労働法講座四　労働争議』有斐閣、一九六七年。
16 日本労働法学会編「現代労働法講座五　労働争議」総合労働研究所、一九八〇年。
17 日本労働弁護団50年史刊行委員会『日本労働弁護団の五〇年』（第一、第二、第三巻）日本労働弁護団、二〇〇七年。
18 磯田進『労働法（第三版）』岩波書店、一九五九年。
19 佐藤昭夫『ピケット権の研究』勁草書房、一九六一年。
20 「争議行為」石井照久編『別冊ジュリスト判例百選　一三　新版労働判例百選』有斐閣、一九六七年。
21 「争議行為」萩澤清彦編『別冊ジュリスト判例百選　一〇一　新版労働判例百選（第五版）』有斐閣、一九八九年。
22 宮田光雄『非武装国民抵抗の思想』岩波書店、一九七一年。
23 久野収「核の傘にかかわる非武装防衛力」『平和の論理と戦争の論理』岩波書店、一九七二年。
24 石田雄『平和の政治学』岩波新書、一九六八年。
25 山内徳信、水島朝穂『沖縄読谷村の挑戦―米軍基地内に役場をつくった（岩波ブックレットNo.四三八）』岩波書店、一九九七年。
26 山内徳信『解放を求めて――アリの群れ　ライオンを襲う　山内徳信回顧録』沖縄タイムス社、二〇一四年。
27 山内徳信『沖縄・読谷村　憲法力がつくりだす平和と自治』明石書店、二〇〇七年。
28 謝花直美『戦後沖縄と復興の「異音」　――米軍占領下　復興を求めた人々の生存と希望』有志社、二〇二一年。
29 高里鈴代『沖縄の女たち――女性の人権と基地・軍隊』明石書店、一九九六年。

30 奥平康弘『表現の自由とはなにか』中央公論社、一九七〇年。

第4章　憲法と非暴力

31 中島岳志「〈論壇時評〉ひろゆきが壊したもの　議論＝「論破」ではない」中日新聞二〇二二年一二月一日夕刊。
32 安田浩一「沖縄・抵抗の現場から　冷笑主義が蔓延する社会を問い返す「尊厳が奪われない限り、私たちは負けない」」『週刊金曜日』一四〇〇号（二〇二二年）。
33 上里賢一「武漢大国際シンポ　沖縄復帰50年と東アジア（上）」沖縄タイムス二〇二二年八月三日。
34 深瀬忠一「非暴力行動と平和の一考察――「市民抵抗」による防衛について――」『北大法学論集』三六巻一・二合併号（一九八五年）。
35 アダム・ロバーツ「市民抵抗のすすめ――日本の安全保障を再考する」『世界』四四一号（一九八二年）。
36 福岡高等裁判所那覇支部判決　平成七年一〇月二六日年。
37 上原こずえ『共同の力　一九七〇～八〇年代の金武湾闘争とその生存思想』世織書房、二〇一九年。
38 水島朝穂『平和の憲法政策論』日本評論社、二〇一七年。
39 水島朝穂「憲法的平和主義（Verfassungspazifismus）を考える」『神奈川大学評論第』九〇号（二〇一八年）。
40 君島東彦「六面体としての憲法9条・再論――70年の経験を人類史の中に位置づける」『立命館平和研究：立命館大学国際平和ミュージアム紀要』第一八号（二〇一七年）。
41 君島東彦他編著『非武装のPKO』明石書店、二〇〇八年。
42 清末愛砂「非暴力・非武装の実践――安倍改憲と対極にあるもの」『季刊ピープルズ・プラン　特集：非暴力・非武装のリアリティ』vol.八三（二〇一九年）。

初出掲載誌一覧

第Ⅰ部

「自由民権「抵抗権」の源流から沖縄の非暴力抵抗へ（一）植木枝盛「日本国国憲案」を読む」『象』第九七号（二〇二〇年夏）。

（二）故郷岐阜の自由民権運動から見えてきたもの」『象』第九八号（二〇二〇年秋）。

（三）新憲法の誕生から六〇年代の抵抗権論争へ」『象』第九九号（二〇二一年春）。

（四）沖縄戦、「非暴力」にこめる命どう宝」『象』第一〇〇号（二〇二一年夏）。

（五）抵抗権は人間の尊厳を回復する権利である」『象』第一〇一号（二〇二一年秋）。

（補遺）抵抗権は人間の尊厳を回復する権利である　沖縄の非暴力と平和的生存権を問う闘い」『象』第九四号（二〇一九年夏）。

「沖縄住民訴訟の敗訴を受けて――自由と権利は国民の不断の努力によって保持する（憲法12条）」『象』第九六号（二〇二〇年春）。

「「沖縄の怒りではない　私の怒り」――「沖縄高江に派遣された愛知県機動隊への公金支出の違法性を問う住民訴訟」の名古屋高裁逆転勝訴判決をめぐって」『法と民主主義』第五六五号（二〇二二年）。

第Ⅱ部

「体験的安全保障法制論――平和的生存権保障基本法骨子案の提起」『ジェンダー法研究』第四号（二〇一七年）。

「平和的生存権と予防外交」『法と民主主義』第五六九号（二〇二二年）。

「「平和的生存権」立法構想」『象』第九二号（二〇一八年秋）。

「憲法改正を問う　参議院憲法調査会からの報告その1」『象』第八一号（二〇一五年春）。

「憲法改正を問う　未完の平和的生存権保障基本法（素案）をめぐって」『象』第八二号（二〇一五年夏）。

「憲法九条三項「自衛隊」加憲構想を問う　「卵を内側から割る」論理と議論を求めて」『象』第八八号（二〇一七年夏）。

第Ⅲ部

「国会請願権の空洞化」『象』第七八号（二〇一四年春）。

「順法闘争」『新労働法講座４　労働争議』有斐閣、一九六七年。

あとがき

二〇二二年一二月一六日、政府は、国家安全保障戦略、国家防衛戦略、防衛力整備計画のいわゆる安保三文書の改定を閣議決定した。その文書には、歴代政権が一貫して否定してきた「反撃能力(敵基地攻撃能力)」の保有を明記し、日本が直接攻撃されなくとも、「存立危機事態」と判断されれば、アメリカと一体化して、敵の指揮系統を含む軍事施設を攻撃できるとしている。国際法上違法とされる「先制攻撃」を容認する危険性をもつもので、「専守防衛」の枠を踏み越えて、憲法九条に明白に違反する。軍事優先の国づくりに向けた日本の安全保障政策の大転換であり、憲法九条を形骸化する実質的な憲法改正である。

安全保障政策の目標は、戦争を未然に防止し、国民の生命と安全を守ることである。たとえ反撃能力を行使したとしても、抑止力が働かず相手のさらなる強力な報復を招くとき、沖縄は消滅し、本土は焦土と化し、数えきれない民衆の命が失われる。政府は「国民の生命と安全」を守る目的と真逆の結果をもたらすリスクに対する政治的想像力に欠ける。

加えて戦争のリアリティ(実像)がわかっていない。広島・長崎の原爆投下、沖縄地上戦、雨のように降り注ぐ焼夷弾、飢餓と病死の戦場を忘れているばかりか、ミサイルやドローンなどAI兵器の近代戦の底知れない残虐性に思いを馳せることがないのはどうしたことか。何よりもいま、重要なことは、官民を挙げて、他国間・二国間の外交と対話の道を模索し、アジア地域の緊張を緩和し、戦争を未然に防ぐ行動ではないのか、と問いたい。

岸田政権は、二〇二七年度までに四三兆円の軍事関連費を増額するとして、GDP比二％（推定一一兆円）を目途として、財源の議論に余念がない。「政府有識者会議報告書」（二〇二二年一一月二三日）は、軍需産業の育成や軍事研究への研究者の動員も提言していて、国会の議論を経ることなく、軍事優先の体制へ舵をきった。第二次世界大戦を止められなかった歴史の教訓を思い起こし、戦争回避に向けて、世界の、とりわけアジアと日本の市民の連帯と勇気が試されている。

本書は、沖縄高江に派遣された愛知県警機動隊への公金支出の違法性を問う住民訴訟の弁護団と原告団の何時間もかけての議論と批判、全国と愛知の安保法制違憲訴訟弁護団と原告団による議論の深化、出会ったすべての沖縄の人たちとの対話と交流に鍛えられて生まれた。平和的生存権保障基本法立法構想には、参議院議員の時から立法作業の助言と指導をしていただいた衆議院法制局橋幸信氏に感謝したい。とりわけ長い間激励し、忍耐強くお待ちいただいて出版にこぎつけることができたのは、旬報社木内洋育社長、川嶋みく編集担当のおかげである。深い感謝と心からのお礼を言いたい。

最後に本書の想いが、武力によらない平和を求める人たちの心に届きますように。

二〇二三年一月

大脇　雅子

［著者紹介］ 大脇雅子（おおわき・まさこ）

一九三四年、岐阜県出身。名古屋大学法学部卒業。弁護士・元参議院議員。沖縄高江への愛知県機動隊派遣違法住民訴訟弁護団長。弁護士として労働、公害問題や離婚等の家庭事件を数多く手がける。一九九二年、ＰＫＯ法闘争のなかで、砂川事件判決の裁判官だった伊達秋雄氏から「いまこそ憲法擁護の大事なとき」と促され、社会党（現社会民主党）比例代表として出馬して当選。以後二期一二年にわたり参議院議員を務める。護憲と共に男女雇用機会均等法、パートタイム労働者の権利保護法、環境アセスメント法等の立法、法改正に尽力する。著書に『働いて生きる——転機を迎えた女たちの選択』『「平等」のセカンド・ステージへ——働く女たちがめざすもの』（学陽書房）、『均等法時代を生きる——働く女性たちへの応援歌』（有斐閣）、『マサコの戦争』（講談社）など。

武力によらない平和を生きる

非暴力抵抗と平和的生存権

二〇二三年二月一〇日　初版第一刷発行

著者……大脇雅子
ブックデザイン……佐藤篤司
編集担当……川嶋みく
発行者……木内洋育
発行所……株式会社 旬報社
〒一六二-〇〇四一 東京都新宿区早稲田鶴巻町五四四
TEL 03-5579-8973　FAX 03-5579-8975
ホームページ https://www.junposha.com/

印刷・製本……精文堂印刷 株式会社

　ISBN978-4-8451-1795-6